AF239790

Der Golf-Gentleman

Gewidmet dem *Spirit of the Game*, dem wahren Geist des Golfspiels.

Arfst-Johann Sievers

Der Golf-Gentleman –

Brevier des modernen Manns für

das Verhalten auf dem Golfplatz

Ein unterhaltender Ratgeber

Bibliographische Information der Deutschen Nationalbibliothek:

Die Deutsche Nationalbibliothek verzeichnet diese Publikation in der Deutschen Nationalbibliographie; detaillierte bibliographische Daten sind im Internet über http://dnb.d-nb.de abrufbar

Fotos auf dem Schutzumschlag: privat

Herstellung und Verlag:
BoD – Books on Demand, Norderstedt
Printed in Germany

ISBN: 978-3-8423-5818-8

Inhaltsverzeichnis

1. EINIGE WORTE ZU BEGINN

Der Mann ist ein armer Wicht – gerade auf dem Golfplatz

Männer sind arm dran. Tief in ihnen schlummern Urtriebe, gewonnen im Jahrtausende langen Kampf um den Fortbestand der eigenen Sippe und der ganzen Menschheit. Während die Damen Kinder und Feuer hüteten, ging er mit seinesgleichen auf die Prärie und erlegte das Mammut. Für die tiefsinnige Reflektion über das Miteinander und die eigene Wirkung auf Jagdgenossen blieb da wenig Zeit. Heutzutage soll er männlich sein, etwas rau und auch bewundernswert gut in dem, was er so tut. Gleichzeitig soll er Verständnis für die Sorgen und Nöte der Damen zeigen, dabei jedoch nicht als Softie daherkommen. Er soll Dinge selbständig richten, aber bloß nicht gleich „den Werkzeugkoffer öffnen", wenn bei den Damen etwas zu heilen ist. Hier ist Zuhören angesagt, kein wohlgemeinter Ratschlag. Dazu kommt die dauernde Ablenkung durch das verflixte Testosteron, das uns Männer irrationale Dinge machen lässt. Wir sind getrieben, ohne unser Handeln nachvollziehbar erklären zu können, und verlieren Familien und Vermögen.

Gerade auf dem Golfplatz wird der gemeine Mann, der arme Wicht, mit diesen Widersprüchen besonders konfrontiert. Was die Triebe wollen, harmoniert oft nicht mit dem Anspruch der Mitspieler. Natürlich will er gut spielen und anerkannt sein für niedrige Scores. Wenn das Ergebnis der aktuellen Runde jedoch schlecht zu werden droht, muss er eben nachhelfen. Regeln lassen sich ja so oder so auslegen. Verständlich, dass er seine Mitspieler regelmäßig davon in Kenntnis setzt, wie unzufrieden er mit seinen Leistungen ist und dass es sonst besser klappt. Wie viele Mitspieler könnte der Mann durch fundierte Tipps zu deutlich besseren Golfern machen! Gerade die eigene Frau würde in besonderem Maß profitieren, wenn sie nur auf ihn hörte. Warum nur beschleicht ihn manchmal das Gefühl, dass sein Rat gar nicht geschätzt wird? Ebenso sollte man doch meinen, dass die Mitspieler froh sind, einen wirklich tollen Hecht um sich zu haben. Also erzählt Mann gerne eindrucksvoll und im Detail von seinen einzigartigen Erlebnissen und Erfolgen auf und neben dem Golfplatz. Komisch nur, dass seine Mitspieler diese erstklassige Unterhaltung oftmals nicht ausreichend würdigen wollen.

Daher ist Hilfe gesucht für den gemeinen Mann, der sich auf dem Golfplatz so bewegen möchte, dass er sich einerseits als Mann fühlen kann, andererseits nicht aneckt oder sich lächerlich macht. Hier geht das Dilemma jedoch weiter ...

Wenig Auswahl auf dem Büchermarkt zur Etikette im Golf

Wer ein Buch über Golf lesen möchte, findet genügend Exemplare, um seinen Schwung runder, seine Abschläge länger und seinen Kopf klarer zu machen. Fast ebenso viel Auswahl erhält derjenige, der sich über die Golfregeln informieren möchte und dem das offizielle Regelbuch des R&A, wie wir Insider sagen – gemeint ist der *Royal & Ancient Golfclub of St. Andrews*, der über die Golfregeln wacht –, zu kompliziert ist. Anschaulich wird in solchen Büchern dargestellt, wie nach einem Schlag in ein Wasserhindernis oder über die Ausgrenze hinweg zu verfahren ist. Die hohe Nachfrage nach dieser Art von Büchern lässt sich dadurch erklären, dass wir immer bessere Golfer mit niedrigeren Handicaps werden wollen. Und dass wir die Golfregeln mehr als nur in Grundzügen kennen wollen, um nicht beim Spiel auf dem Golfplatz einen Strafschlag nach dem nächsten zu kassieren.

Nur für denjenigen, der sich über das passende Verhalten auf dem Golfplatz informieren möchte, tut sich eine Leere auf: Bücher zur so genannten Etikette im Golf sind rar gesät. Der Bedarf an derlei Werken scheint demnach gering zu sein. Soll heißen: Es gibt nur wenige Golfer, denen eben nicht in erster Linie ihr Handicap, sondern viel mehr ihr korrektes Betragen im Spiel mit anderen Golfern am Herzen liegt. Dabei ist dem R&A die Einhaltung der Etikette im Golf sehr wichtig. Unterstrichen wird dies allein dadurch, dass Richtlinien zu dem von allen Spielern erwarteten Verhalten im Regelbuch des R&A gleich vorne in Kapitel 1.2 aufgeführt werden. Wer sich also anhand jenes Buchs mit den Golfregeln beschäftigt, kommt an der Etikette nicht vorbei. Diese besagen sinngemäß, dass die Rücksichtnahme auf andere Spieler das vorherrschende Prinzip auf den Platz ist. Das dient vor allem dem Vermeiden von Unfällen und der Schonung des Platzes. Im Ergebnis sollen sich alle Spieler an ihrer Golfrunde erfreuen. Im Internet findet der geneigte Leser unter www.rules4you.de weiterführende Erklärungen zur Etikette vom Deutschen Golf Verband. Die Etikette im Golf regelt also allein den Umgang mit Spielern (Rücksicht nehmen), Platz (Schonung) und Golfregeln (immer einhalten). Es geht ihr nicht um die Überführung höfischer Riten und Gebräuche auf das Golf spielende Bürgertum. Eigentlich sollte durch diese wenigen, kernigen Aussagen alles klar sein. Eigentlich ..., denn wie im richtigen Leben treffen wir auch auf dem Golfplatz immer wieder auf Zeitgenossen, deren Verhalten uns innehalten und innerlich den Kopf schütteln lässt. Manchem durchaus interessierten Mann mögen diese allgemeinen Aussagen zur Etikette nicht ausreichend sein, um sich zum Vergnügen aller auf dem Golfplatz zu bewegen. Geben wir ihm doch etwas Unterstützung!

Als Gentleman auf dem Golfplatz und im Leben

Wohl dem, der es sich finanziell, körperlich und zeitlich leisten kann, Golf zu spielen. Denn Golf gibt die Chance, den Umgang mit Menschen in Situationen zu üben, in denen diese an ihre körperlichen und emotionalen Grenzen gehen. Wer über 18 Löcher souverän und galant bleibt und sich durch vorbildliches Verhalten auszeichnet, wird auch außerhalb des Golfplatzes den Umgang mit Menschen beherrschen. Wie uns die Oma schon sagte: Benimm Dich zuhause wie bei Hofe, und Du kannst Dich bei Hofe benehmen wie zuhause.

Gerade auf dem Golfplatz fällt die Fassade eines Menschen schnell zusammen. Einige missglückte Schläge, und schon wird deutlich, um was für einen Zeitgenossen es sich handelt: Wie geht er mit persönlichem Stress um? Übernimmt er die Verantwortung, oder schiebt er die Schuld auf andere? Zeigt er Interesse an seinen Mitspielern, oder ist er voll auf sich fokussiert? Bleibt er auch in hektischen Situationen gelassen, oder verliert er schnell den Kopf? Dass Bewerbungsgespräche besser auf dem Golfplatz stattfinden sollten, haben schon viele Golf spielende Manager behauptet. Denn eine Golfrunde offenbart den Charakter eines Menschen. Selbstverständlich auch den eigenen!

Der geneigte Mann reflektiert daher sein Verhalten auf den letzten Golfrunden und findet vielleicht die eine oder andere Situation, die er im Nachhinein anders gestaltet hätte. Und er nimmt sich vor, zukünftig ein noch angenehmerer Golfspieler zu werden, der durch sein Verhalten brilliert und an den sich seine Mitspieler gerne erinnern.

Das vorliegende Buch gibt ihm dabei Hilfestellung. Denn hier geht es nur in zweiter Linie um klassische Empfehlungen zur Golfetikette wie beispielsweise den Bunker zu harken, *Divots* einzusetzen oder seinen Schatten nicht auf die Puttlinie des Mitspielers fallen zu lassen. Im Mittelpunkt steht hier die Übertragung der Empfehlungen und Vorschriften der Golfetikette auf einen bestimmten Typ Golfer, den so genannten „Golf-Gentleman". Etwas wissenschaftlich angehaucht, versteht man unter einem Gentleman einen Ehrenmann, dessen Verhalten den bei uns üblichen ethisch-moralischen Standards in jeder Hinsicht voll genügt. So sagt es uns Wikipedia, das Lexikon im Internet. Zu den Eigenschaften eines Gentlemans zählt man Ehrlichkeit, Gelassenheit und

Anstand. Sein Umgang mit anderen Menschen ist geprägt von Respekt und Takt. Ausgestattet mit diesen Dispositionen, ist dem Golf-Gentleman in Sachen Etikette nichts vorzuwerfen. Er gestaltet seinen Auftritt so, dass seine Mitspieler eine angenehme Golfrunde mit ihm erleben. Statt sich über einzelne missglückte Schläge zu ärgern, erfreut er sich am spielerischen Erlebnis und am schön angelegten Golfplatz. Das gemeinsame Miteinander der Spielergruppe steht für ihn weit vor der eigenen Leistung. Erfolgreich ist für ihn die Runde, die seine Mitspieler gerne mit ihm wiederholen möchten. Er lässt sich nicht von der ewigen Jagd auf ein niedriges Handicap vom Spaß am Golf abbringen. Ihm ist bewusst, dass er mit tadellosem Benehmen mehr beeindruckt als mit guten Schlägen. Denn nicht das Ergebnis eines Mitspielers interessiert, sondern dessen Auftreten. An unangenehme Mitspieler erinnern wir uns noch lange, an deren gute Schläge meistens nur kurz.

An wen sich dieses Buch richtet

Dieses Buch wurde geschrieben von einem Golfer für andere Golfer. Es richtet sich an Männer, denn der Autor kennt deren Sichtweise auf das Leben und auf das Golfspiel am besten. Die Sicht der Damen ist ihm oft fremd – nicht nur auf dem Golfplatz. Daher wird im Buch konsequent auf weibliche Formen wie Spielerin, Gegnerin und so weiter verzichtet. Die geschätzten Damen werden damit nicht vom Lesen ausgeschlossen. Nur geht es bei den Inhalten nicht um sie, sondern um ihre Golf spielenden Männer, Freunde, Arbeitskollegen und Nachbarn. Was diese in Zukunft auf dem Golfplatz anders machen könnten, verfolgt die lesende Dame entspannt aus der Distanz. Nach der Lektüre kann es passieren, dass sie die Ansprüche an ihre männlichen Mitspieler hochschraubt und nur noch Golf-Gentlemen in ihren Spielergruppen erwartet. Wer also den Damen gefallen möchte, kann aus dem vorliegenden Buch manch hilfreichen Hinweis mitnehmen.

In diesem Buch wird eine bestimmte Ausrichtung für das Verhalten auf Golfplätzen beschrieben – nämlich die des Golf-Gentlemans. Sicherlich gibt es andere Ausrichtungen, die ebenso ihre Daseinsberechtigung haben und die womöglich auch die Einhaltung der Etikette sicherstellen. Das Buch richtet sich daher an diejenigen Herren, die sich mit der Idee des Golf-Gentlemans anfreunden können. Dazu braucht nicht jeder Golfer zu gehören. Wer meint „ist mir doch egal, was andere über mich denken", könnte jetzt aufhören zu lesen. Alternativ kann er versuchen, seinem (Golf-) Leben eine Wendung zu geben. Prinzipiell darf sich ja jeder benehmen, wie er will, so lange er in den Grenzen der Gesetze bleibt. Nur darf eben nicht jeder erwarten, dass er mit seinem Verhalten anderen gefällt. Wer dagegen als Golf-Gentleman unterwegs ist, läuft nicht Gefahr, unangenehm aufzufallen.

Auch mag einer denken, der immer den gleichen Vierer mit Günni, Bernd und dem verrücken Heini spielt, dass die vier sich eh einig sind, wie man am besten miteinander auskommt, und dass daher dieses Buch keinen Mehrwert für ihn bietet. Falsch, denn spätestens im Turnier, im Urlaub oder im Spiel mit Geschäftspartnern trifft auch jener Golfer auf Mitspieler, die er bislang nicht (gut) kennt und die seine fest eingeschliffenen Marotten vielleicht nicht akzeptieren wollen.

Wer sich mit diesem Buch selbst beschenkt hat, zeigt, dass er sich aus eigenem Interesse mit dem Thema Etikette auseinandersetzt. Womöglich ist er bereits fast ein Golf-Gentleman und sucht durch die Lektüre lediglich das berühmte Tüpfelchen auf dem „i" für sein ohnehin schon vorbildliches Auftreten auf dem Golfplatz. Demjenigen, dem dieses Buch als Geschenk von einem lieben Menschen überreicht wurde, unterstellen wir, dass er vom Schenkenden für einen Golf-Gentleman gehalten wird und er im Buch quasi über sich selbst lesen kann. Dass er als Grobian gilt, der durch dieses Buch auf den rechten Pfad der Etikette-Tugend geführt werden soll, erscheint uns mehr als abwegig.

Wie das Buch zu nutzen ist

Lesen Sie es gemütlich zuhause, vielleicht in der golfarmen Zeit im Winter. Schlagen Sie ruhig einzelne Passagen nach, wenn Sie zu bestimmten Situationen auf der letzten Golfrunde Rat suchen. Führen Sie es jedoch nicht wie ein Regelbuch mit auf der Runde, um Mitspieler auf bestimmte Verhaltensweisen hinzuweisen und dieses Ansinnen mit Passagen aus dem Buch zu untermauern. Golf-Gentleman ist nur eine Auslegung der Etikette von vielen. Jeder darf, aber keiner muss Golf-Gentleman sein! Natürlich dürfen Sie im Gespräch mit Ihren Mitspielern erwähnen, dass Sie mit den Inhalten dieses Buchs vertraut sind und dass Sie auf dem Weg, ein solcher zu werden, schon gehörig vorangekommen sind. Ihre Mitspieler werden das vielleicht zum Anlass nehmen, ihr eigenes Verhalten etwas mehr als auf den bisher gespielten Bahnen zu kontrollieren oder Sie zum eigenen Vorbild zu erheben.

Dieses Buch geht nicht auf die Golfregeln ein, solange diese nicht unmittelbare Bedeutung für die Etikette haben. Wie schon oben erwähnt, gibt es hierfür bereits zahlreiche Werke, die je nach Gusto die Regeln auf die eine oder andere Weise näherbringen. In Sachen Etikette soll das Buch jedoch vollständig sein. Der geneigte Leser braucht also keine weiteren Leitfäden zu Rate zu ziehen, um sich Etikettegerecht auf dem Golfplatz zu bewegen.

2. GOLF SPIELEN WIE EIN GENTLEMAN

Golf wurde in früheren Zeiten als Spiel der Gentlemen bezeichnet. Warum also Golf nicht so spielen, wie es ein Gentleman tun würde, also ein Golf-Gentleman sein? Jenen definieren wir über die „4-G"-Formel:

Golf-Gentleman = Genießer, kein Gauner, Gastgeber und Gärtner

Viermal ein „G" in einer Formel! Der Golf-Gentleman genießt das Spiel. Er lässt sich nicht durch den Blick auf Ergebnis und Handicap von der Freude am Golf abbringen. Niemals würde er sich einen Vorteil ergaunern und die Regeln außer Acht lassen. Er agiert als Gastgeber für die Mitspieler in seiner Gruppe. Als Gärtner erfreut er sich am Platz und am Aufenthalt in der freien Natur.

2.1   GENIESSER DES SPIELS

Golf ist ein Spiel

Der Golf-Gentleman geht gelassen über den Golfplatz und genießt die Golfrunde. Für ihn ist Golf ein Spiel, kein Wettkampf. Ihm liegt in erster Linie das Erlebnis auf der Runde am Herzen, und nicht die Jagd auf das gute Ergebnis oder ein niedriges Handicap. Golf ist für ihn eine Form der Unterhaltung mit anderen Menschen. Gewonnen haben am Ende der Runde alle Mitspieler, wenn sie die 18 Löcher gemeinsam zu einem Erlebnis gemacht haben. Beim abendlichen Getränk in der Kneipe oder in der Lounge gibt ja auch keinen einzelnen Gewinner, sondern die Gruppe gewinnt gemeinsam einen schönen Abend – oder auch nicht.

Der Golf-Gentleman konzentriert sich auf die schönen Dinge auf der Runde, also den hübsch angelegten Golfplatz, die interessanten Mitspieler, die körperliche Verausgabung und einige wirklich gut gelungene Schläge. Denn er weiß: In Erlebnisse zu investieren, führt zum größtmöglichen Nutzen einer Geldausgabe. Und eine Golfrunde ist so ein Erlebnis. Grundlage einer Golfrunde, die zum Erlebnis werden soll und an die man sich gerne erinnert, ist das Verhalten jedes Spielers auf dem Platz. Daher ist dem Golf-Gentleman die Einhaltung der Etikette wichtig, sowohl bei sich selbst und als auch bei seinen Mitspielern.

Handicaps sind Nebensache

Für den Golf-Gentleman sind Handicaps reine Nebensache, sei es das eigene oder die seiner Mitspieler. Er nimmt das Ergebnis seiner aktuellen Runde und sein Handicap zur Kenntnis, belastet sich aber nicht damit. Ihm ist bewusst, dass seinen Mitspielern in der Regel sein Score genauso egal ist wie ihm selbst die Scores der Mitspieler, sofern diese ehrlich zustande gekommen sind. Warum sich also über die eigenen schlechten Schläge aufregen, wenn sich außer ihm niemand dafür interessiert? Ebenso weiß er, dass so gut wie niemand sein Handicap genau kennt. Andere wissen höchstens noch den ungefähren Bereich („so um die 20"). Dementsprechend berührt es seine Mitspieler nicht wirklich, ob sich das Handicap des Golf-Gentlemans durch das aktuell laufende Turnier verändern wird oder nicht.

Das Handicap dient dem Golf-Gentleman nur zur Berechnung der Vorgabeschläge auf einem Golfplatz und der Nettopunkte in einem Wettspiel. Ein hohes Handicap zu haben, ist für derlei Zwecke gut. Für ihn wird Spielstärke nicht am Handicap gemessen, sondern am Ergebnis der gerade gespielten Runde. Ein Spieler, der sich zu Beginn einer Runde mit einem guten Handicap brüstet, dann aber kein einziges gutes

Loch zustande bringt, verdient keine Anerkennung. Zweifel bleiben, wie er das gute Handicap jemals erreichen konnte. Dem Golf-Gentleman ist wichtig, dass er sein Handicap immer wieder spielen kann. Daher akzeptiert er ganz gelassen, dass es in einer (Turnier-) Runde nicht so gut läuft. Denn dann hat er womöglich noch nicht die Spielstärke, die er sich erhofft, und trainiert weiter. Und er fühlt sich nicht als schlechter Golfer, denn er ist und bleibt ein gern gesehener Mitspieler.

Gutes Golf wird geschätzt

Die Einstellung des Golf-Gentlemans zum Handicap ist keine Absage an gutes und sportliches Golf. Gute Leistungen im Golf werden von ihm geschätzt. Auch er ist ehrgeizig und möchte sein Spiel ständig verbessern. Ihm ist nicht egal, wie er spielt, sondern er freut sich über gelungene Schläge und Runden mit niedrigeren Scores, als erwartet. Sein Ehrgeiz ist jedoch nicht so stark ausgeprägt, dass er zu Lasten der Mitspieler oder des guten Benehmens geht.

Er unterscheidet zwischen sportlichem Turniergolf der Professionals und der guten Amateure sowie dem Freizeitgolf der übrigen Spieler. Bei ersteren dominieren der sportliche Ehrgeiz und der Wille, bestmögliche Runden zu spielen. Denn daran werden sie gemessen und davon hängt deren Broterwerb ab. Der Golf-Gentleman hat höchsten Respekt vor ihren phänomenalen Leistungen. Wie andere Menschen gerne Kunstturnen, Tennis oder Eiskunstlaufen anschauen, erfreut er sich an den perfekten Schlägen der Stars und an deren Ballbehandlung. Auch ermuntert er jeden Golfer, sein Handicap zu verbessern. Dann allerdings ehrlich, also unter Einhaltung der Regeln und auf Basis von ausreichend Training auf der Driving Range. Er hat volles Verständnis dafür, dass ein Golfer nach Erlangung der Platzerlaubnis die Handicaps

36 und 28 anstrebt, um auf fremden Plätzen spielen zu dürfen. Dass der Golfer danach Handicap 24 anpeilt, um das klassische englische Handicap zu haben. Dass er danach ein Bogey-Golfer mit Handicap 18 werden möchte. Und so weiter, und so fort.

2.2 NIEMALS EIN GAUNER

Den Spirit of the Game verinnerlicht

Jetzt kommt ein weiteres G ins Spiel: das G für Gauner. Ein solcher Tunichtgut ist der Golf-Gentleman nicht, denn er wird niemals versuchen, sein Handicap mit unlauteren Mitteln zu verbessern. Er wendet die Golfregeln auf jeder Runde konsequent an: wenn er für sich alleine spielt und wenn er mit Mitspielern unterwegs ist, wenn er eine private Runde spielt und wenn er an einem Turnier teilnimmt. Der Ball wird gespielt, wie er liegt. Jeder Schlag zählt. Schläge werden nicht wiederholt, sofern die Regeln eine Wiederholung nicht vorsehen, und so weiter. Er beachtet die offiziellen Golfregeln des R&A und die Platzregeln des Golfplatzes, auf dem er gerade spielt, die so genannten *local rules*. Im Interesse des geordneten Miteinanders auf dem Golfplatz hält er sich an Weisungen von Startern, *Marshals* und anderen Offiziellen. Für ihn ist das Nicht-Einhalten von Regeln kein Kavaliersdelikt, über das man mal hinwegsehen kann, sondern vollkommen ausgeschlossen. Ihm sind alle Regeln gleich wichtig. Es gibt also keine, die mal nicht angewendet zu werden braucht, sondern auf jeder Runde gelten alle Regeln jederzeit. Die Sicht mancher Golfer, dass bestimmte Golfregeln übertrieben kleinlich wären, teilt er nicht.

Der Golf-Gentleman hat den viel zitierten *Spirit of the Game* verinnerlicht, den wahren Geist des Golfspiels. Dieser wird oft beschrieben als: „Das Spiel beruht auf dem ehrlichen Bemühen jedes einzelnen Spielers, Rücksicht auf andere Spieler zu nehmen und nach den Regeln zu spielen. Alle Spieler sollten sich diszipliniert verhalten und jederzeit Höflichkeit und Sportsgeist erkennen lassen, gleichgültig wie ehrgeizig sie sein mögen." Er ist daher kein Gauner, wenn es um sein Handicap geht. Oder noch deutlicher gesagt: Er würde niemals mogeln, um sich ein besseres Handicap zu erschleichen. Braucht er auch nicht, denn als Genießer von Golf als Spiel ist ihm sein Handicap ja egal.

Kein falscher Ehrgeiz

Es soll ja Golfspieler geben, die mit höchst kreativen bis einfach nur plumpen Mitteln versuchen, ihr Handicap zu verbessern. Da wird zu niedrig gezählt, der Ball besser geschubst, ein Ergebnis anders eingetragen und so weiter. All das scheint so paradox: Am ersten Abschlag trifft man auf souverän wirkende Menschen, die mit beiden Beinen im Leben stehen und Erfolge außerhalb des Golfplatzes ausstrahlen. Nach einigen Löchern kommt es jedoch zu den ersten Merkwürdigkeiten: Ein hoffnungslos verlorener Ball wird plötzlich gefunden. Ein weiterer Ball fliegt aus tiefstem Rough, wie vom Tee geschlagen, in Richtung Grün. Regeln werden zum persönlichen Vorteil außer Kraft gesetzt. Man fragt sich, warum Menschen derlei Veränderungen durchmachen für so etwas vergleichsweise Unwichtiges wie das eigene Handicap.

Wird ein Golfer beim Mogeln erwischt, hagelt es hoffentlich Strafen. Im Turnier sollte es in vielen Fällen zur Disqualifikation führen. Das ist jedoch des Golfers geringstes Übel. Ebenso die zeitweise Platzsperre, die oft auf einen schweren Verstoß gegen die Etikette folgt. Schlimmer zählt, dass er als Betrüger gebrandmarkt ist. Mitunter trägt er diesen

Makel über Jahre mit sich. Selbst wenn ein Schummler nicht eindeutig überführt wird und er scheinbar ungeschoren davonkommt, bleibt der schlechte Eindruck. Wer einmal als Gauner entlarvt wurde, wird lange brauchen, um diesen Eindruck zu revidieren.

Diesen Ruf will der Golf-Gentleman niemals angehängt bekommen. Wenn es an einer Bahn bei ihm mal nicht gut läuft, notiert er für diese den richtigen, also hohen Score (im Zählspiel), streicht das Loch (bei Stableford) oder akzeptiert, dass er das Loch verloren hat (im Lochspiel). Er weiß, dass solche Bahnen immer mal wieder vorkommen und dass sich eh keiner seiner Mitspieler nach der Runde noch an sein schlechtes Resultat an dieser einen Bahn erinnern wird. Verstößt er wirklich einmal unabsichtlich gegen eine Regel, gibt er sich selbst, ohne zu zögern, die dafür vorgesehene Strafe. Unabhängig davon, was die Mitspieler gesehen haben oder was die Spielleitung bestimmt. Deshalb braucht sich der Golf-Gentleman auch niemals die größte Strafe im Golf aufzuerlegen: sich selbst einzugestehen, dass er geschummelt hat und dass andere das wissen. Er braucht daher kein einziges Mal vom Platz mit dem schlechten Gewissen zu gehen, dass er einen Regelverstoß begangen hat, der nicht geahndet wurde – und dass das Handicap, mit dem er sich brüstet, auf zweifelhafte Weise zustande gekommen ist. Wenn der Golf-Gentleman auch während einer lausigen Runde heiter und gelassen bleibt, gleichzeitig aber zeigt, dass ihm sein schlechtes Spiel nicht total egal und er immer noch mit dem Herzen dabei ist, unterstreicht das seine wahre Größe. Großzügig und herzlich kann jeder sein, wenn es während seiner Runde gut läuft. Gerade in den Phasen der persönlichen Demut beweist der Golf-Gentleman seine Überlegenheit.

Das aktuelle Handicap akzeptieren

Für den Golf-Gentleman ist das Handicap eines Spielers das, was im Leben außerhalb des Golfplatzes der materielle Wohlstand ist. Materieller Wohlstand sei hier definiert als das Einkommen, das gesparte Vermögen und die im Besitz befindlichen Sachwerte eines Menschen. Viele unter uns sind sich einig, dass mehr materieller Wohlstand prinzipiell besser ist als weniger. Selbst wenn Geld das Leben nicht unbedingt schöner machen soll, beruhige es zumindest. Analog halten fast alle Golfer ein niedriges Handicap für erstrebenswerter als ein hohes Handicap. Kurzer Einschub: Eigentlich ist es ja ein hohes Handicap, was alle Golfer wollen. Wer hat schon die Chance, einmal mit einem Golfer zu spielen, der ein Handicap mit einem „+" vor den Ziffern hat? So ist +1,4 deutlich höher als -17,4, was wiederum höher ist als -36. Der Einfachheit halber halten wir aber im Folgenden an der Sprachkonvention fest, dass es ein niedriges Handicap ist, was alle anstreben.

Schauen wir auf das Leben außerhalb des Golfplatzes: Dass es Unterschiede im materiellen Wohlstand gibt, ist für die meisten von uns ein natürlicher Umstand. In der Regel kennen wir genügend andere Menschen, die vermutlich ein höheres Einkommen haben oder über mehr Vermögen verfügen als wir. Macht nichts, denn in der Regel haben wir gelernt, auf unserem aktuellen Wohlstandsniveau gut zu leben und glücklich zu sein. Wir sind in der Lage, unser Leben zu genießen, obwohl es durchaus wohlhabendere Menschen in unserer Umgebung gibt, die sich noch mehr leisten können als wir. Leider gibt es auch solche, die sich auf ihrem Niveau nicht wohl fühlen. Diese Zeitgenossen sind häufig auf der schiefen Bahn unterwegs: Da werden andere übervorteilt, es wird geklaut und betrogen, nur um mehr materiellen Wohlstand zu ergattern. Natürlich dürfte auch unser Wohlstandsniveau höher sein, aber unser Leben findet eben nicht erst dann statt, wenn das zweite Ferienhaus gekauft wurde oder der vierte Wagen in der Garage steht. Daher bleiben wir ehrlich und können uns täglich mit ruhigem Gewissen im Spiegel ansehen.

Genau so macht es der Golf-Gentleman: Er hat sich auf seinem Handicap-Niveau kommod eingerichtet. Dass er genügend Golfer kennt, die ein niedrigeres Handicap haben als er, stört ihn nicht im Geringsten. Wie hoffentlich auch die Leser dieses Buches geht der Golf-Gentleman außerhalb des Golfplatzes nicht klauen, nur um auf ein besseres Level zu kommen. Warum sollte er also bei Score und Handicap betrügen?

Golfregeln beherrschen

Wichtigste Voraussetzung, um nicht (unwissentlich) zu schummeln und dann doch als Gauner dazustehen, ist für den Golf-Gentleman, die Golfregeln zu beherrschen. Um sich selbst Strafen auferlegen zu können, auch wenn kein anderer Golfer mit ihm unterwegs ist und sein Vergehen bemerkt hat, ist er bestens mit den Golfregeln vertraut.

Manch ein Spieler behauptet, dass die Golfregeln zu kompliziert seien und es deshalb kaum möglich sei, diese jederzeit einzuhalten. Dem möchte ich widersprechen: Jeder, der sich beruflich mit nicht-trivialen Sachverhalten auseinandersetzt, ist in der Lage, Sinn und Zweck der Golfregeln zu verstehen, sogar direkt aus dem offiziellen Regelbuch des R&A. Für den Erstkontakt mit den Golfregeln bieten sich bebilderte Bücher an, die anschaulich die Golfregeln an den verschiedenen Stationen einer Golfbahn erläutern. Danach sollte jeder Golfer, der wie ein Golf-Gentleman sicher mit den Regeln umgehen möchte, das offizielle Regelbuch des R&A zur Hand nehmen und ausführlich lesen. Vielleicht im Urlaub, am Strand oder in der golffreien Zeit bei Frost. Wer dabei den Index am Ende des Regelbuches zum Nachschlagen zu nutzen weiß, braucht die Details nicht auswendig zu lernen.

Das Miteinander ist entscheidend

Versiert zu sein im Umgang mit anderen Menschen, hat immer Saison. Unabhängig von Moden und Zeitgeist, von Internet und virtuellen Welten, kommen Menschen fortwährend persönlich miteinander in Kontakt: im Berufsleben, in der Freizeit, beim Sport, unter Nachbarn und in der entfernten Verwandtschaft. Wer den Umgang mit Menschen gut beherrscht, findet sich im Leben besser zurecht. Gutes Benehmen wird auch in Zukunft einen hohen Stellenwert haben. Vor allem unter denjenigen Zeitgenossen, die durch emsige Arbeit oder geschickte Erbschaft wohlhabend genug sind, um den Blick auf weitere Dinge zu lenken, mit denen sie sich von ihren Mitbürgern absetzen können, die womöglich noch vermögender sind: umfassende Bildung, gesunde Lebensweise, mindestens drei Kinder, die allesamt erstklassig aufgezogen werden, oder eben gute Umgangsformen. Sich alleine über den größeren Besitz zu definieren, ist im westlichen Europa sicherlich nicht mehr *en vogue*. Ganz im Gegenteil: Gerade bei Menschen, die über materiellen Wohlstand verfügen, wird schlechtes Benehmen weniger verziehen. Schließlich verfügen jene über die erforderlichen Mittel, um sich entsprechendes Wissen anzueignen und auch anzuwenden.

Überall dort, wo Menschen unabhängig voneinander ein gemeinsames Gut nutzen, ist deren Umgang miteinander wichtiger als individuelle Leistungen. Das gilt vor allem dann, wenn möglichst viele Beteiligte die gemeinsame Nutzung gerne in Erinnerung behalten wollen. Denken wir an den Straßenverkehr oder den Gang zum Buffet im Restaurant. Vom Verhalten aller hängt ab, ob Fahren oder Speisen zum Ärgernis oder zum Genuss werden. Gerade ersteren, den Ärger, wird mancher im Urlaub erlebt haben, wenn auch internationale Besonderheiten in

Sachen des Miteinanders aufeinandertreffen. Da wird am Buffet ge-schubst und abgedrängt, zu viel genommen und dem Nebenmann of-fensichtlich nichts gegönnt, die letzten Stücke schnell auf den eigenen Teller geworfen, bevor ein anderer sie bekommt – um sie dann doch später unberührt vom Kellner wieder abtransportieren zu lassen. Zum Glück findet sich immer wieder ein gesitteter Mensch, der sich hinten-anstellt, anderen gerne den Vortritt lässt, beim Auffüllen hilft und be-reitwillig Platz im schmalen Gang macht. Beim Nutzen des gemeinsa-men Guts Golfplatz ist es nicht anders. Wer wie ein Gastgeber agiert, wird im Verkehr, am Buffet und auf dem Golfplatz einen guten Ein-druck hinterlassen und das Miteinander bestens meistern.

Gastgeber auf dem Golfplatz

Gastgeber sind wir alle schon einmal gewesen. Eine kleine Feier unter Freunden, ein gepflegtes Abendessen oder einfach nur ein paar Bier mit Kollegen waren Gelegenheiten, in denen wir uns als Gastgeber für das Wohl unserer Gäste zu sorgen hatten. Waren wir nicht sehr zufrie-den, dass sich unsere Gäste rundum wohl gefühlt und sogar prächtig amüsiert haben? Als sie uns sagten, dass es ein toller Abend war und sie gerne noch einmal kommen möchten? Zwar hat es uns eine Menge Arbeit gemacht; alleine die Vorbereitung auf die Feier war nicht ohne. Aber zu wissen, dass wir anderen eine großartige Zeit beschert haben, hat uns voll darüber hinwegsehen lassen. Als Gastgeber stand für uns die Freude am Miteinander im Vordergrund, nicht wir selbst. Und dass unsere Gäste gut über uns denken.

Auf dem Golfplatz übernimmt der Golf-Gentleman in seiner Spieler-gruppe genau diese Rolle eines Gastgebers. Ihm liegt das Wohlbefin-den seiner Mitspieler am Herzen. Er sorgt dafür, dass die Runde für al-le Mitspieler zum Erlebnis wird, dass die Gruppe zusammenbleibt und dass sie mit anderen Spielergruppen gut auskommt. Seine Grundeinstellung in der Rolle als Gastgeber ist: Ich möchte, dass die Mitspieler eine tolle Golfrunde haben, dass sie sich wohl fühlen und gut spielen. Dementsprechend gibt er den Mitspielern keinen Grund, sich über ihn aufzuregen. Niemals käme ihm in den Sinn zu denken: „Dieses und jenes müssen die anderen jetzt mal aushalten, so bin ich eben!", um seine eigene Linie durchzuziehen. Für ihn ist die Empfindung seiner Mitspieler entscheidend, nicht seine eigene Ansicht. Sein Ziel ist, als angenehmster Mitspieler in Erinnerung zu bleiben. Die Spieler seiner Gruppe sollen, wenn sie zufrieden nach Hause fahren, gerne an die gemeinsame Golfrunde denken und sich über die Bekanntschaft des Golf-Gentlemans freuen, so dass sie noch einmal mit ihm zusammenspielen möchten. Für ihn war es eine schlechte Runde – und damit eine Niederlage in seiner Rolle als Gastgeber –, wenn es Streit unter den Mitspielern gab oder wenn die Mitspieler nur ungern und allein aus Höflichkeit noch zum gemeinsamen Getränk in das Clubhaus nach der Runde gegangen sind.

Die Gäste

Als Gast kommt für den Golf-Gentleman jeder andere Golfer in Frage. Er ist allen Mitspielern gegenüber aufgeschlossen, die mit ihm spielen wollen, und selektiert nicht schon vorher aus. Er respektiert seine Mitspieler, wie sie sind. Nur im Bedarfsfall zeigt er ihnen auf, wie weit sie mit ihm gehen können, ohne jedoch Konflikte auszulösen. Seine Einstellung ist: Alle anderen Golfer sind freundlich, mir gut gesonnen und wollen ebenfalls eine angenehme Runde unter interessanten Menschen spielen. Damit liegt er erfahrungsgemäß richtig. Mit der überwiegenden Mehrheit der Golfer kommt man sehr gut aus. Nur etwa jeder zehnte Golfer liegt einem nicht. Dafür ist ungefähr jeder zwölfte Golfer ein wirklich bemerkenswerter Mitspieler, mit dem sich der Golf-

Gentleman auf Anhieb sehr gut versteht. Wenn ein Mitspieler sein Gastrecht missbraucht, wird er nicht noch ein weiteres Mal eingeladen. Soll heißen: Eine zweite Runde mit dem Golf-Gentleman wird es für ihn so schnell nicht wieder geben.

Der Lohn für die vermeintliche Mühe

Warum bürdet sich der Golf-Gentleman auf dem Golfplatz auch noch die Last der Gastgeberrolle auf? Weil er wirklich am Wohlergehen seiner Mitspieler interessiert ist. Und weil er sich selbst damit hervorragend von jeglichen Gedanken über sein eigenes Spiel befreien kann. Nicht mehr sein schlechter Schlag an der letzten Bahn ist wichtig, sondern das herzliche Lachen der gesamten Gruppe, als man das Grün verließ. Nicht mehr die Nettopunkte stehen in der Turnierrunde im Vordergrund, sondern die interessanten Geschichten im *Halfway House*. Erstaunlich ist: Weil ihm Score und Handicap unwichtig sind, spielt der Golf-Gentleman entspannt und oft sehr gut. Golf als Spiel und als Gelegenheit des Zusammenkommens mit interessanten Menschen zu begreifen, kann sich beim Handicap auszahlen. Ihm fällt die Rolle des Gastgebers nicht schwer. Befreit von der Bürde, im Vorfeld die Wohnung zu schrubben, den Tisch zu schmücken und sich um Kulinarisches zu kümmern, reduziert sich diese Rolle auf die eines Moderators, Zuhörers und manchmal auch eines Unterhalters. Eine Situation, auf die der Golf-Gentleman sehr oft außerhalb des Golfplatzes trifft und die er dort immer besser beherrscht. Es strengt ihn nicht an, und er hat sogar Spaß daran, sich als Gastgeber zu positionieren und als solcher anerkannt zu sein.

Sein Lohn dafür ist zweierlei: Erstens danken ihm seine Mitspieler für die schöne Golfrunde, die er ihnen ermöglicht hat. Zweitens freut es den Helfenden selbst, dass er anderen erfolgreich geholfen hat. *The helper's high* nennt das der Sozialpsychologe. Man kann ihm durchaus Eigennutz unterstellen, wenn er sich für andere einsetzt. Er selbst zieht Kraft daraus zu wissen, dass seine Mitspieler gerne noch einmal mit ihm auf die Runde gehen möchten. In seinem eigenen Mikrokosmos bekommt er sogar ein klein wenig Unsterblichkeit, wenn sich ein ehemaliger Mitspieler erinnert: „Kennst Du noch den netten Herrn, mit dem wir damals diese beeindruckende Runde gespielt haben? Das ist zwar schon einige Zeit her, aber diese gemeinsamen 18 Löcher sind mir so positiv in Erinnerung geblieben." Allein das ist doch Lohn genug!

2.4   GÄRTNER AUF DEM GOLFPLATZ

Zurück zur Natur

Es ist naheliegend zu vermuten, dass die überwiegende Mehrheit der Golfspieler Städter ist, denn die meisten Golfplätze in Deutschland ballen sich um (Groß-) Städte. Dort ist es in der Regel laut (Straßenlärm), und es riecht nicht wirklich angenehm (Abgase). Natur kennt der Städter häufig nur aus Parkanlagen oder dem Garten um sein Haus. Die ihm bekannte Tierwelt beschränkt sich auf Hunde, Katzen, Tauben und, wenn er Pech hat, auch auf Ratten und Mäuse. Nur wenige Parks und noch weniger Gärten sind so großzügig angelegt, dass der Blick bis zum Horizont schweifen kann und nicht am nächsten Haus hängenbleibt.

Macht nichts, mag mancher denken, denn wir leben nur noch drinnen: Die eigene Wohnung verlassen wir per Aufzug in die Tiefgarage, fahren im klimatisierten Auto zur Tiefgarage der Firma, von wo es direkt in das klimatisierte Büro geht, und abends alles wieder retour. Dazu ein Abstecher zum Fitness-Center, weiterhin alles drinnen. Bleibt nur noch der Gang zum Mittagessen durch die Fußgängerzone. Wer mit Bahn oder Bus zur Arbeit fährt, erlebt nur beim Warten an Haltestellen und auf dem Weg dorthin etwas mehr „draußen". Machen wir es kurz: Den Kontakt zur Natur haben viele verloren. Das Miteinander mit Tieren und Pflanzen und das Erleben von Wetter sind ihnen fremd.

Der typische Golfer verdingt sich im Büro und arbeitet nicht als Förster oder Rinderzüchter. Golf führt ihn zurück zur Natur. Er ist für Stunden draußen an der frischen Luft, nimmt ungewohnte Geräusche wahr und sieht vergessen geglaubte Tiere und Pflanzen. Das Areal, auf dem er spielt, lässt den Blick immer wieder zum Horizont schweifen, so weitläufig ist es angelegt. Selbst bei bestem Wetter sind Golfplätze nicht annähernd so voll wie öffentliche Parks, die im Sommer durch Picknickgesellschaften oft kaum ein freies Fleckchen Rasen bieten. Golfplätze sind für viele von uns letzte Stätten, um regelmäßig halbwegs intakte Natur zu erleben. Und mit am wichtigsten: Golfplätze sind Oasen, in denen man nicht Gefahr läuft, in Hundehaufen zu treten. Golfer können also sorglos umherstapfen, ohne den Kopf ständig auf den Boden senken zu müssen.

Darüber hinaus sind Golfplätze meistens an schönen Orten gelegen. Sie bieten beeindruckende Ausblicke auf das Meer, über einen See, auf Berge oder auf endlose Weiten mit leicht geschwungenen Hügeln. Gute Golfplätze nehmen die sie umgebende Landschaft auf und schmiegen sich harmonisch in sie ein. So entsteht nicht der Eindruck, dass mit Gewalt etwas Künstliches geschaffen wurde. Links-Kurse sind im schmalen Bereich zwischen Meer und kultiviertem Land angelegt. Die Spieler auf ihnen sind im besonderen Maße den Elementen ausgesetzt und werden dafür mit wunderbaren Blicken auf das Meer entlohnt. In bergigen Gegenden sind Golfplätze in Tälern oder in Hanglagen gebaut und geben den Blick auf mächtige Gipfel frei. Oft nutzen sie das hügelige Terrain geschickt aus, um den Golfer immer wieder neue Anhöhen erklimmen zu lassen. Wer im Wald spielt, mag sich mit den engen

Bahnen zuerst nicht anfreunden. Das Spiel der Bäume im Wind und der angenehme Schatten lassen dann auch für ihn die spielerische Herausforderung manchmal in den Hintergrund treten. Überall sind einzelne Spielbahnen so angelegt, dass das Auge verwöhnt wird: Ein Teppich aus grünem Gras wird eingefasst von Bäumen und Sträuchern. Bachläufe und Blumenbeete schmücken den Weg entlang der Fairways.

Den Golfplatz mit allen Sinnen genießen

Ein Tag auf dem Golfplatz ist wie ein Urlaubstag. Der Golfspieler kann geistig abschalten und sich auf Spiel, Mitspieler und Platz konzentrieren. Dieses Maß an Zerstreuung bietet kaum eine andere Beschäftigung, denn Golf spricht alle Sinne an: Tiere, Pflanzen, Wetter und Lage des Golfplatzes geben dem Golfer etwas zu sehen, zu hören, zu fühlen und zu riechen. Der wiederholte Blick über den Golfplatz und dessen Grenzen hinweg zum Horizont ist Balsam für die Seele. So viele Dinge, an denen das Auge hängen bleibt: der schöne Busch, der mächtige Baum, ein beruhigender See. Nicht nur mitten am Tag, sondern vor allem bei Sonnenauf- und -untergang, wenn der Golfplatz in zauberhaftes Licht getaucht wird. Morgens liegt noch Tau auf den Fairways. Nach Regen sieht man Nebelschwaden aufsteigen. Der Geruch von frisch gemähtem Gras macht sich breit. Auch Bäume, Büsche und Blumen nimmt die Nase wahr. Meer und Berge verbreiten eigene Düfte. Ein kleiner Bach plätschert neben dem See, auf dem Wasserfontänen tanzen. Aus dem Hintergrund kommen Geräusche von landwirtschaftlichen Aktivitäten oder von gelegentlich vorbeifahrenden Zügen.

Auf dem Golfplatz lässt sich das Spiel der Jahreszeiten vorzüglich verfolgen. Vom Erwachen des Platzes im Frühling, über die Hitze im Sommer und den Rückgang im Herbst, schließlich zum Schlaf im Winter. Auf der Runde sind die Spieler den Elementen ausgesetzt und lernen, diese vorherzusagen und mit ihnen umzugehen: Wird noch Regen aufkommen? Wie muss ich dann den Ball schlagen? Wie wird sich der Wind entwickeln? Wie muss ich ihn dann einbeziehen? Welchen Einfluss hat die Temperatur auf die Wahl des Schlägers? Während einer Runde kann das Wetter mehrfach wechseln. Was bei Sonnenschein begann, endet im starken Regen. Wind kommt deutlich hör- und spürbar auf, flaut dann wieder ab. Leichter Nieselregen hat andere Auswirkungen als ein Platzregen. Wetterfronten sind von weitem erkennbar und ziehen vorbei – manchmal auch nicht.

Der Kuckuck ruft deutlich, ein Storch wandert über die benachbarte Wiese, ein Greifvogel wechselt mehrfach vom Rüttel- zum Segelflug. Selbst ein Uhu sitzt hoch im Baum. Fasane gibt es *en masse*. Hasen, Füchse und Rehe ebenso. Unüberhörbar belagern Frösche die angelegten Seen. Tiere, die viele Städter seit langem nicht mehr gesehen haben, sind regelmäßig Gäste auf Golfplätzen. Nicht in der künstlichen Umgebung eines Zoos, sondern in ihrem natürlichen Lebensraum lassen sie sich auf oder vom Golfplatz aus beobachten.

Sich wie ein Gärtner fühlen

Der Golf-Gentleman genießt den Golfplatz mit allen Sinnen. Er geht auf die Runde mit Herz, Augen und Ohren des Gärtners. Er betrachtet die Spielbahnen als seinen Garten, an dessen Gedeihen er sich erfreut und dessen Erhalt ihm am Herzen liegt. Dadurch bekommt er ein inniges Verhältnis zu „seinem" Golfplatz. Er ist sich des enormen Pflegeaufwands bewusst, den es braucht, um den Platz in seiner Schönheit zu erhalten. Er behandelt ihn daher mit Respekt und nach dem Gebot, dass der Golfplatz zu schonen ist. Sein Bestreben ist, dass der Platz nach seiner Runde in noch besserem Zustand dasteht als vorher, da ihm keine weiteren Schäden zugefügt wurden und die Spieler (fremde)

Divots gerichtet, (fremde) Pitch-Marken ausgebessert und Bunker großflächig gerecht haben. Niemals würde er den Platz „verbrauchen" mit dem Hinweis darauf, dass Greenkeeper und andere Verantwortliche schließlich dafür bezahlt würden, den Platz in Schuss zu halten, und man selbst durch Entrichten von Greenfee oder Jahresbeitrag genug getan hätte.

Der Golf-Gentleman beobachtet das Wachsen der Bäume im Laufe der Jahre und die damit einhergehende Veränderung einzelner Spielbahnen. Er hat einen Blick für das Aufblühen der Pflanzen im Frühling und sieht, wie sich die Natur im Herbst für die bevorstehende Kälte richtet. Gerne besucht er seinen Platz im Winter, um dessen Ruhe in sich aufzunehmen. Er freut sich über die gepflegten Abschläge, Fairways und Grüns. Es verletzt ihn, wenn Spieler den Platz nicht schonen. Freundlich weist er sie auf deren Versäumnisse hin und bittet sie, die von ihnen verursachten Schäden zu beheben. Dabei agiert er als freundlicher Ratgeber. Wie ein Polizist spielt er sich nicht auf. Nur wiederholte und schwerwiegende Vergehen meldet er der Clubleitung.

Das Buch könnte jetzt enden, da sich der geneigte Leser inzwischen ein Bild vom Golf-Gentleman gemacht hat. Wir wollen ihm dennoch etwas mehr Hilfestellung geben und mit auf eine typische Golfrunde des Golf-Gentlemans nehmen: Angefangen von der Zusammenstellung der Ausrüstung über die Auswahl der passenden Kleidung zu den klassischen Stationen eines Golfplatzes mit abschließendem Aufenthalt im Clubhaus nach der Runde.

3. MIT DEM GOLF-GENTLEMAN AUF DER RUNDE

3.1 DIE PASSENDE AUSRÜSTUNG ZUSAMMENSTELLEN

Schon die Ausrüstung vermag anzuzeigen, ob es sich um einen Golf-Gentleman handelt oder nicht. Er stellt sie so zusammen, dass sich niemand auf dem Platz durch ihn gestört fühlt. Und er ist bedacht, sich selbst nicht durch die von ihm mitgeführten Schläger, Bälle und so weiter lächerlich zu machen. Letzteres kann beispielsweise derjenige ganz gut, der mit dem neuen High-Tech-Driver den teuren Ball nicht trifft.

Schläger

Der typische Golfer kauft wiederholt neue Schläger. Die Versuchung ist groß, die eigene Spielstärke allein durch die eingesetzten Schläger zu verbessern. Passender wäre es sicherlich, am Schwung zu feilen und durch häufiges Training das Spiel zu komplettieren – mit dem bestehenden Schlägersatz, der ja auch nicht der schlechteste ist.

Wir spielten vor einigen Jahren einen ehrwürdigen Platz in den Bergen und hatten einen einheimischen, älteren Herrn in unserer Spielergruppe. Jener schlug mit seinen schon betagten *Blades* präzise wie ein Uhrwerk bei gleichzeitig ordentlicher Länge. Am Ende notierte er ein Ergebnis um die 80. Wir mit unseren Titan-Drivern und Eisen aus einem Carbon-Stahl-Gemisch waren nicht ganz so gut und schämten uns damals ein wenig. Seitdem ist dieser Senior für uns der Maßstab bei Golfschlägern. Soll heißen: Wir wollen seitdem mit einfachen Schlägern wiederholt gute Runden spielen. Der Golf-Gentleman beherzigt das und achtet darauf, dass die von ihm eingesetzten Schläger in gesunder Relation zu seiner Spielstärke stehen.

Beim Platz-Management orientiert sich der Golf-Gentleman an Golf spielenden Damen: Er ist nicht Weitenjäger, der den gelegentlich langen Drive mit vielen Bällen im Rough oder im Aus bezahlt. Stattdessen spielt er lieber den passablen Abschlag sicher auf das Fairway. Damit setzt er sich wohltuend vom typisch männlichen Golfer ab, der allein auf Länge vom Abschlag setzt. Er verzichtet auf den Driver, wenn er mit diesem (noch) nicht zurechtkommt, und setzt je nach Vorliebe auf Fairway-Holz, Hybrid (manche sagen auch *Rescue* oder *Utility* dazu) oder langes Eisen, mit denen er ebenfalls ausreichende Weiten erzielt.

Was er davon hat: Ein Abschlag im Aus oder im tiefen Rough führt in der Regel zum Lochverlust oder mindestens zum Doppel-Bogey. Das erspart er sich. Und seine Mitspieler brauchen den Flug seines Balls nicht angestrengt zu verfolgen, danach den Ball im dichten Rough zu suchen und ständig Gefahr zu laufen, wegen langsamen Spiels zum Ärgernis der nachfolgenden Gruppen zu werden. Ebenso setzt er sie nicht unnötig der Gefahr aus, im Rough einen Zeckenbiss zu erleiden. Zu beeindrucken versucht der Golf-Gentleman durch sein kurzes Spiel. Bälle, die innerhalb eines Wedge-Schlags zur Fahne liegen, bringt er erst präzise auf das Grün und dann in das Loch. Dafür dürfen seine Wedges und der Putter gerne etwas teurer sein.

Der Golf-Gentleman lässt die Griffe seiner Schläger regelmäßig erneuern. Einerseits um mit den Regeln nicht in Konflikt zu kommen, denn Hilfen beim Zugreifen sind nicht erlaubt. So eine Hilfe stellen auch Mulden im Griff dar, die sich im Laufe der Zeit herausbilden. Andererseits um auch bei Regen oder verschwitzten Händen sicher zuzugreifen und den Schläger beim Schlagen nicht entgleiten zu lassen, der dann zum gefährlichen Geschoss wird.

Golftasche

Für den Golf-Gentleman ist das Trage-Bag, das der Spieler Rucksack-gleich auf dem Rücken trägt, erste Wahl, um seine Schläger mit sich zu führen. Erste Wahl, da es dem sportlichen Gedanken des Golfspiels am ehesten gerecht wird. Wer trägt, hat den Vorteil, dass er auch dort direkt hinlaufen darf, wo Golfwagen einen Bogen machen müssen, gerade um das Grün herum. Mit dem Trage-Bag ist er immer auf dem kürzesten Weg und damit zügig unterwegs. Es bedarf hierzu jedoch der nötigen körperlichen Verfassung, die nicht jeder Golfer mitbringt.

Weiter verbreitet ist die Schlägertasche, die auf dem Golfwagen, dem *Trolley*, festgemacht wird, den der Spieler hinter sich herzieht. Besser ist die Schiebevariante, die einen Wagen mit drei Rädern voraussetzt, denn so kann der Golfer aufrecht gehen und läuft nicht Gefahr, sich den Wagen in die eigenen Hacken zu ziehen. Gegen die elektrische Variante ist nichts einzuwenden, nur sollte die Batterie ausreichend Kraft haben, um die geplante Runde zu überstehen und nicht unterwegs den Dienst zu quittieren. Bei jeglicher Art von Wagen sind die Räder regelmäßig zu ölen, damit Quietschgeräusche die Mitspieler nicht stören.

Unabhängig von der gewählten Art der Golftasche sollte jeder Schläger einen festen Platz in ihr haben. So genügt ein Blick, um zu prüfen, ob ein Schläger fehlt. Vermieden wird dadurch der zu spät bemerkte Verlust eines Schlägers – gerne einer Wedge, die in der Umgebung des Grüns eingesetzt und dann beim schnellen Verlassen desselben vergessen wurde. Der Spieler müsste zurücklaufen, um den Schläger zu suchen, was ob der entstehenden Verzögerung nicht gerne gesehen wird. Oder er muss hoffen, dass ein nachfolgender Golfer das verlorene Gut einsammelt und im Clubhaus ordnungsgemäß abgibt. Ein Finderlohn ist dann obligatorisch.

Schlägerhandtuch

Die Schlägerköpfe des Golf-Gentlemans sind stets sauber. Auf der Runde setzt er ein Schlägerhandtuch ein, mit dem er den verwendeten Schläger nach jedem Schlag von Gras und Erde befreit. Nach der Feuchtreinigung am Ende der Runde trocknet er damit seine Schläger ab. Er achtet darauf, dass das Handtuch selbst sauber ist und nicht schon die Spuren zahlreicher Golfrunden mit sich herumträgt.

Golfhandschuh

Golfer spielen in der Regel an der Nicht-Schlaghand mit einem Handschuh. Dieser ist ein Gebrauchsgegenstand, der nicht an die nächste Generation vererbt, sondern mindestens einmal pro Saison ausgetauscht wird. Entscheidend ist, dass der Handschuh noch Grip hat, so dass mit ihm ein Schläger besser gehalten wird als ohne Handschuh. Der Handschuh sollte stets sauber sein und keine Beschädigungen aufweisen. Handschuhe mit Löchern oder deutlichen Schmutzflecken gehören in die Mülltonne und nicht auf den Golfplatz.

Golfbälle

Der Golf-Gentleman besteht nicht auf fabrikneuen Bällen, die frisch aus der Verpackung kommen. Seine Bälle dürfen gebraucht sein, dann allerdings noch glänzend, sauber und ohne wilde Schmierereien, bevorzugt in Weiß. Derlei Bälle lassen sich im Rough leicht finden, und gleichzeitig geben sie keinen Anlass, die Mitspieler glauben zu lassen, er würde am falschen Ende sparen. Er markiert seine Bälle mit dem ihm eigenen Signet, um seinen Ball stets eindeutig identifizieren zu können und Missverständnisse mit den Mitspielern abzuwenden.

Selbst gute Spieler verlieren Golfbälle in Teichen oder im Unterholz. Der Golf-Gentleman hat deshalb ausreichend Bälle dabei, um gerade als Anfänger den Verlust von zehn und mehr Bällen pro Runde zu verkraften. Seine Mitspieler um Bälle bitten zu müssen, will er auf jeden Fall vermeiden. Generell spielt er nur solche Bälle, die auch verlustig gehen dürfen. Bälle mit einem geschätzten Logo oder mit hohem Erinnerungswert lässt er lieber zuhause im Schuhkarton. „Erfahrene", da schon mit Gebrauchsspuren versehene Bälle bewahrt der (unsichere) Golf-Gentleman für den ungeliebten Schlag über das Wasserhindernis oder über die Schlucht auf. Überschüssige Bälle, für die er keine Verwendung mehr hat und die noch gut spielbar sind, stellt er der Jugendabteilung seines Golfclubs kostenlos zur Verfügung. Range-Bälle gehören einzig und allein auf die Driving Range. Diese auf den Platz mitzuführen, erfüllt den Tatbestand des Diebstahls. Dessen will sich der Golf-Gentleman niemals schuldig machen.

Tees

Der Golf-Gentleman hat ausreichend Tees dabei, so dass er sich leisten kann, bei jedem Abschlag ein Tee zu verlieren oder abzubrechen. Der Unsitte, für Abschläge mit einem Eisen abgebrochene Tees aus dem Mülleimer zu fischen oder vom Boden aufzulesen, ist er nicht verfallen.

Ballmarker

Der Golf-Gentleman markiert auf dem Grün seinen Ball, um puttende Mitspieler nicht durch seinen im Blickfeld liegenden Ball zu stören. Dazu dient ihm ein münzartiger Gegenstand, der groß und hell genug ist, um von allen gesehen zu werden. Er führt ihn in der Hosentasche oder per Magnet-Clip an Mütze oder Schuh mit sich. Alte Münzen eignen sich nicht so gut, da diese schlecht sichtbar sind, wenn sie ihren Glanz verloren haben. Ebenso vermeidet er Ballmarker, die am Golfhandschuh befestigt sind. Diese sind bei jedem Markieren vom Handschuh abzuknipsen, was gerade bei Spielern, die zum Putten den Handschuh ausziehen, nur umständlich und zeitraubend geschehen kann, da der Handschuh hierfür aus der Hosentasche gezogen werden müsste.

Pitch-Gabel

Der Golf-Gentleman bessert beim Betreten eines Grüns alle sichtbaren Pitch-Marken aus: die des eigenen Balls und die von anderen Spielern. Mit einer guten Pitch-Gabel, die er gerne zur Hand nimmt, und nicht behelfsweise per Tee. Übrigens ist eine schöne Pitch-Gabel ein passendes Geschenk für Golfer, die schon alles zu haben scheinen. Das korrekte Ausbessern einer Pitch-Marke hat sich der Golf-Gentleman von seinem Pro oder einem Greenkeeper zeigen lassen.

Bleistift

Den Bleistift benutzt der Golf-Gentleman zum Notieren des Scores. Hierfür wählt er nicht das wertvolle Modell namhafter Stifthersteller – denn der Verlust auf der Runde wäre mehr als ärgerlich –, sondern das gängige Modell, das in Clubs gratis ausliegt. Trägt der Bleistift den Namen des Lieblingsclubs, wird er umso lieber verwendet.

Regenschirm

Auch den Golf-Gentleman kann Regen auf der Golfrunde treffen. Für Gegenden, die üblicherweise nicht starken Winden ausgesetzt sind, so dass der Einsatz von Schirmen zwecklos wäre, führt er einen gängigen Golfschirm mit sich. Mit ihren Durchmessern von 100 cm und mehr geben sie auch einem Mitspieler noch Schutz. Sie verzichten auf Metallgriffe und –spitzen, um nicht unnötig Blitze auf sich zu ziehen.

Sonst noch in der Golftasche greifbar

Nicht nur an heißen Tagen führt der Golf-Gentleman ausreichend Getränke und leicht verdauliche Kost mit sich. Ab Loch 12 ereilt ihn daher nicht der Hungerast, der die vielversprechend begonnene Runde in einem Score-Desaster enden lässt.

Sonnencreme und Zeckenspray gehören ebenfalls in sein Bag. Nirgendwo scheint man eine bessere Bräune zu bekommen als auf Golfplätzen. Ausreichender Sonnenschutz ist daher unverzichtbar. Beim Schlendern und Suchen im Rough kommt der Golf-Gentleman den Zecken nahe. Die aktuell sensible Diskussion um Borreliose mag manchem als übertrieben erscheinen. Dennoch sollte sich kein Golfspieler ungeschützt der Gefahr eines Zeckenbisses aussetzen.

Um Wertsachen vor Feuchtigkeit bei Regen zu schützen, verstaut der Golf-Gentleman diese in einem kleinen Plastikbeutel, sofern seine Golftasche nicht über ein absolut wasserdichtes Fach verfügt.

Seine Ballangel setzt der Golf-Gentleman ein, wenn er für einen Mitspieler dessen gerade im Teich verloren geglaubten Ball noch retten kann. Der Dank über den wiedererlangten Ball hält dann oft über die gesamte Runde an. Auch wenn es ihm selbst unnötig erscheint, eigene Bälle aus dem Bach zu angeln, kann er anderen, die weniger souverän über Ballverluste hinweg zu sehen vermögen, eine Freude bereiten.

Ist der Golf-Gentleman Raucher, hat er seinen eigenen Aschenbecher dabei. In diesem entledigt er sich seiner Asche sowie des Stummels. Der Platz soll durch Raucher nicht in Mitleidenschaft gezogen werden. Seine Mitspieler fragt er vorher, ob sie gegen seine gelegentliche Zigarette oder Zigarre etwas einzuwenden haben. Beim Ausblasen des Rauches achtet er darauf, dass kein Mitspieler davon getroffen wird.

3.2 SICH ANGEMESSEN KLEIDEN

Gängige Konventionen beachten

Wer zur Hochzeit oder zum festlichen Akt geladen ist, bekommt auf der Einladung angezeigt, was anzuziehen ist, beispielsweise *white tie* oder *casual*. Selbst wenn explizit nichts gesagt wird, weiß der Mann von Welt, wie er sich für die Veranstaltung passend kleidet. Gleiches gilt am Arbeitsplatz: Wer in der Bank oder im Management arbeitet, trägt Anzug in gedeckten Farben.

Beim Golf ist es nicht anders: Es gibt allgemein gängige Konventionen, was als angemessene Kleidung auf dem Golfplatz angesehen wird. Der Herr trägt lange Hosen mit Hemd, das weder ärmel- noch kragenlos ist. Im Sommer darf es die Shorts sein, sofern sie bis zum Knie reicht. Aufreizendes oder Anrüchiges wird nicht getragen. Das Hemd wird also nicht bis zum Bauchnabel geöffnet. Diese Vorgaben gelten prinzipiell in der gesamten Golfwelt. Jeder Club darf selbst bestimmen, inwieweit er von diesen Konventionen abweichen möchte – entweder in Richtung einer lascheren oder einer strengeren Auslegung. Je altehrwürdiger der Club, desto strenger sind in der Regel die Bekleidungsvorschriften.

Der Golf-Gentleman beachtet konsequent die gängigen Konventionen zur Oberbekleidung. Denn er will nicht schon durch sein Äußeres unnötig anecken. Daher stellt er seine Kleidung so zusammen, dass sich niemand an ihm stört. Auch will er sich die für alle Beteiligten peinliche Situation ersparen, wenn ihm aufgrund einer nicht eingehaltenen Kleidungsvorgabe der Zugang zum Platz verwehrt wird. Durch passendes Äußeres bringt er seinen Respekt vor Spiel, Club und Mitspielern zum Ausdruck und spiegelt damit seine innere Einstellung wider: Wer sich angemessen kleidet, gestaltet den Umgang mit anderen Menschen gepflegter als derjenige, der sich rebellisch zeigt.

Gut aussehen

Weil der Golf-Gentleman äußerlich eine gute Figur abgeben möchte, trägt er ausschließlich Golfkleidung. Wir führen uns vor Augen: Der Polo-Spieler trägt zu knielangen Stiefeln und figurbetonten Hosen ein beneidenswert cooles Polo-Shirt. Der Reiter trägt etwas kürzere Stiefel, dafür ein Jackett zur ebenso figurbetonten Hose. Der Segler trägt je nach Witterung zur Shorts die Bootschuhe mit Daunenweste oder die wasserdichte Latzhose zur passenden Jacke. Alle drei geben in ihrem jeweiligen Sport-Dress eine gute Figur ab und könnten direkt in eine Lounge oder auf eine Party gehen. ... und der Golfer kommt in Jeans und schlabbrigem T-Shirt daher. Sie merken, worauf ich hinaus will?

Golf-Kleidung kann sportlich-elegant und auch außerhalb des Golfplatzes gut tragbar sein. Der Golf-Gentleman lässt sich diesen Auftritt nicht nehmen. Bewusst steht ein „kann" bei sportlich-elegant, denn Kleidungsvorgaben eines Golfclubs lassen oft Interpretationsspielraum, dass dem Golfer eine große Bandbreite an Kostümierungen möglich ist. So kann der Golfer aussehen wie ein Bergwanderer, ein Camper oder ein Rapper, ohne explizit gegen Vorgaben zu verstoßen. Der Golf-

Gentleman weiß, wie er die Vorgaben einhält und dabei auch noch elegant wirkt. Denn er achtet darauf, dass sein Gesamtbild passt. Sportliche Schuhe, die Turnschuhen ähneln, harmonieren mit sportlichen Hosen. Die klassische Hose verträgt sich besser mit klassischen Golfschuhen. In Anlehnung an die Club-Jacketts der frühen Golfjahre trägt er gerne Kleidung, die das Logo seines Golfclubs ziert. Mit dem so ausgestatteten Polo-Shirt, Pullunder oder Pullover macht er sich automatisch zum Botschafter seines Clubs. Ein weiterer Grund, ein tadelloses Verhalten an den Tag zu legen!

Der Golf-Gentleman bevorzugt Funktionskleidung, die mit Wind und Feuchtigkeit gut zurechtkommt. Sein Hemd trägt er in der Hose. Das sieht ordentlich aus, ist in einigen Clubs vorgeschrieben und unterstreicht die sportliche Figur des Golfers. Wer ein kleines Bäuchlein hat, trägt den Pullunder über dem Hemd. Generell liegt alle Kleidung eng an, um beim Schlag nicht zu stören. Den über die Schulter gehängten oder um den Bauch gebundenen Pullover oder die offen getragene Jacke sieht man bei ihm nicht. Bereits verblichene oder verwaschene Kleidung sortiert er rechtzeitig aus – und gibt seinen Lieben damit die Chance, ihm was Nützliches und gleichzeitig Angenehmes zu schenken.

Keine Provokation

Ganz fern liegt dem Golf-Gentleman, mit seiner Kleidung gegen Gebote, Normen und Konventionen zu rebellieren. Der nach hinten gedrehte Schirm der Mütze böte sich dafür an. Ebenso das T-Shirt mit Stehkragen, Mock genannt. Andere setzen bewusst auf *Blue Jeans*. Auch wenn es die Vorgaben eines Golfclubs nicht explizit verbieten, gibt es genügend Mitspieler, die sich an Jeans-tragenden Golfern stören, selbst bei Designer-Jeans, die deutlich teurer sind als jeder Driver. Da der Golf-Gentleman nicht unnötig anecken will, verzichtet er auf seine

Jeans für die Golfrunde. Auch weil er weiß: Sitzen sie gut, sind sie unbequem beim Golfschwung. Machen sie jede Bewegung mit, wirken sie zerbeult und schlabbrig. Nässe hält sich ewig an ihnen, und mühelos läuft man sich in ihnen einen Wolf. Warum sollte er sich das antun?

Schuhe und Strümpfe

Golf verlangt nach Golfschuhen. Diese geben durch Spikes die nötige Standfestigkeit und schonen den Golfplatz. Fast nirgendwo mehr zugelassen sind traditionelle Spikes, also kleine Metalldornen, da diese den Grüns zu sehr zusetzen. Verdrängt wurden sie von *Soft Spikes*. Diese lassen sich auswechseln, wenn sie abgenutzt sind, ohne gleich die Schuhe ersetzen zu müssen. Der Golf-Gentleman dreht seine Soft Spikes regelmäßig heraus, reinigt die Gewinde und setzt sie wieder ein. So verhindert er, dass sie sich nicht mehr vom Schuh lösen lassen und er entweder mit abgenutzten Spikes spielen oder seine Schuhe, obwohl bis auf die Soft Spikes noch gut erhalten, entsorgen muss.

Seine Golfschuhe putzt er regelmäßig, bei Bedarf nach jeder Runde, vor allem nach dem Spiel auf matschigen Plätzen. Gerade weißes Leder bedarf besonderer Aufmerksamkeit. Schuhspanner geben ihnen nach der Runde Halt. Für den Transport verwendet er einen Schuhbeutel und nicht die Plastiktüte vom Discounter.

Zum Golf lässt der Golf-Gentleman nicht die Strümpfe aus dem Büro an, sondern er trägt bequeme Golfsocken, die besonders verstärkt sind, mit Feuchtigkeit gut zurechtkommen und lang genug sind, um nicht ein nacktes Bein hervorblitzen zu lassen. Zur Shorts trägt er kurze Socken, sofern landestypische Vorschriften nicht nach Kniestrümpfen verlangen.

Wechselkleidung

Um sich nach der Runde im Clubhaus angemessen aufzuhalten, bringt der Golf-Gentleman Ersatzkleidung mit. Wer dreckig oder verschwitzt ist, hat im feinen Ambiente nichts verloren. Zuhause würde er sich ja auch nicht so in sein Wohnzimmer setzen. Vorher duscht er sich, wenn nötig, im Clubhaus. Handtücher liegen in der Regel in den Umkleidekabinen aus, so dass nur Duschgel und Badelatschen mitzubringen sind.

3.3   AUF FREMDEN PLÄTZEN SPIELEN

Gastrechte und -pflichten

„Wieso soll ich dieses Kapitel lesen, wenn ich eh nur auf meinem Heimatplatz spiele?", mag sich manch Leser fragen. Weil jeder Golfer doch hin und wieder auf andere Plätze kommt, sei es im Urlaub, mit Geschäftspartnern oder im sportlichen Wettkampf mit befreundeten Golfclubs. Vor allem aber erhält er hier Einblicke in die Lage von Besuchern, den Greenfee-Spielern, auf dem Platz seines eigenen Clubs.

Der Golf-Gentleman schätzt das Spiel auf fremden Plätzen. Zwar gefällt ihm sein Heimatplatz, da ihm dieser vertraut ist und er sich unter seinen Club-Kameraden wohl fühlt. Aber er weiß auch, dass Reisen bildet, selbst beim Golf. Jeder neue Platz, den er spielt, bietet eigene Reize, Herausforderungen und neue Mitspieler.

Ebenso heißt er Gäste auf seinem Heimatplatz willkommen. Greenfees sind eine wichtige Einnahmequelle für Golfclubs, um Investitionen in Platz und Clubhaus zu tätigen. Daher behandelt er Greenfee-Spieler besonders zuvorkommend, auf dass sie sich wohlfühlen, gut über den

Club reden und wiederkommen. Denn selbst ein großartig angelegter Platz vermag das schlechte Verhalten der gastgebenden Spieler nicht zu kompensieren. Nicht angehören möchte der Golf-Gentleman einem Club, der seine Gäste herablassend oder ungebührend behandelt, so dass sich kaum ein Gast erneut in diesen Club verirrt, und dessen Mitgliedern pauschal ein schlechter Charakter unterstellt wird.

Gleichzeitig reizt der Golf-Gentleman sein Gastrecht nicht aus, wenn er selbst einmal auf einem fremden Platz spielt. Zwar ist auch im Golf der Kunde König, nur ist mit dem Greenfee allein das Spielen einer Golfrunde abgedeckt – keine Sonderrechte. Sein tadelloses Verhalten zeigt er gerade auf fremden Plätzen. Allein schon seinem eigenen Golfclub gegenüber ist er dazu verpflichtet. Denn dessen Ruf steht auf dem Spiel, wenn eines seiner Mitglieder über die Stränge schlägt. Anhand von *bag tag* oder Greenfee-Anhänger an der Golftasche, über Logos auf der Kleidung oder den im Sekretariat vorgelegten Mitgliedsausweis lässt sich leicht herausfinden, aus welchem Club ein Spieler stammt.

Informationen im Vorfeld

Vor Antritt der Fahrt zum fremden Golfplatz informiert sich der Golf-Gentleman per Internet oder Anruf, unter welchen Voraussetzungen er dort spielen darf. Manche Clubs erlassen Handicap-Grenzen oder empfangen Gastspieler nur in Begleitung von Mitgliedern oder zu bestimmten Zeiten. Ebenso kann es Beschränkungen bei den Golfclubs geben, denen ein akzeptierter Gastspieler angehören muss. Beispielsweise werden manchmal Mitgliedschaften ausländischer Golfclubs mit Argwohn angesehen. Er erkundigt sich ferner über die Spielbarkeit des Platzes, damit der Platz nicht zur gewünschten Zeit durch Pflegemaßnahmen oder Turniere gesperrt ist.

Ebenso fragt er nach den Bekleidungsvorgaben, um nicht wegen einer besonderen Vorschrift, auf die er nicht vorbereitet ist, die Golfrunde nicht antreten zu dürfen. Es gibt genügend Golfplätze, auf denen Marshals oder Starter diskret, respektvoll und dennoch konsequent Spieler des Platzes verweisen, wenn diese den Kleidungsvorgaben nicht voll genügen. Wir hörten von Golfern, die der Starter des Old Course von St. Andrews nicht auf den ersten Abschlag hat gehen lassen, weil sie nicht angemessen gekleidet waren. Da hat man endlich eine Startzeit auf diesem berühmten Platz bekommen, und dann das!

Des Weiteren erkundigt sich der Golf-Gentleman über die Höhe des Greenfees und etwaige Ermäßigungen für Partner-Golfclubs. Abschliessend macht er sich mit der Anfahrt zum Platz vertraut oder sucht die Adresse heraus, die in sein Navigationssystem einzugeben ist. Telefonisch oder per Internet reserviert er eine Startzeit. Sollte das Sekretariat noch nicht oder nicht mehr besetzt sein, wenn er auf dem Platz abschlagen möchte, vereinbart er mit dem Sekretariat, wie die Entrichtung des Greenfees vor der Runde sichergestellt werden kann.

Für die Fahrt zum Golfplatz plant er ausreichend Zeit ein. So braucht er nicht zu hetzen und kann die Anfahrt genießen, die ihn durch neue Landstriche führt. Je näher er dem Golfplatz kommt, desto mehr geht er jeglichem Gerangel mit anderen Verkehrsteilnehmern aus dem Weg, denn (*Murphy's law!*) es könnten seine Mitspieler auf der gleich beginnenden Runde sein. Auf dem Clubgelände gilt diese Empfehlung erst recht.

Im Ausland spielen

Liegt der fremde Platz im Ausland, wird der Golf-Gentleman zum Vertreter seines eigenen Lands. Er möchte erheblich dazu beitragen, dass die Welt das Golfspiel mit Spielern seiner Nationalität schätzt.

So wie Sitten im Ausland häufig anders sind, findet man auch auf dem Golfplatz landestypische Vorschriften oder Gepflogenheiten, oftmals in Sachen Golfkleidung. Der Golf-Gentleman erkundigt sich vor Antritt der Reise bei Golf-Pros, im Bekanntenkreis oder im Internet über derlei Besonderheiten. Generell hält er sich im Ausland zurück und beobachtet die einheimischen Golfer, um offene und ungeschriebene Gesetze des Golfspiels dort zu erkennen und schrittweise anzunehmen.

Mit Caddies spielen

In manchen Ländern ist der Einsatz von Caddies auf Golfplätzen vorgesehen. Der Golf-Gentleman nutzt diese Chance, um sich vom Tragen seiner Tasche zu befreien und um Hinweise zum Spiel auf dem ihm unbekannten Platz vom Caddy zu bekommen. Um etwaige Missverständnisse am Ende zu vermeiden, erkundigt er sich schon vor der Runde über Zahlungsmodalitäten und üblicherweise erwartetes Trinkgeld.

Caddies behandelt der Golf-Gentleman mit Respekt. Niemals würde er sie als einfache Diener herablassend behandeln. Er sieht sie als Partner, die in der Regel mehr vom Golf verstehen, als die gesamte Spielergruppe zusammen. Auch kommt er nicht auf die Idee, dem Caddy die Verantwortung für einen misslungenen Schlag zuzuschieben.

Golf-Cart fahren

Auf wiederum anderen Plätzen ist die Verwendung von Golf-Carts obligatorisch. Dem zur Bequemlichkeit neigenden Golfer kommt das entgegen, dem Golf-Gentleman sicherlich nicht. Beim Fahren bleiben für ihn der sportliche Teil vom Golf, der Respekt vor dem Platz und die gesuchte Erholung auf der Strecke. Ihm ist dann die Zeit zwischen seinen

Schlägen zu kurz. Es bleibt ihm nicht genügend Gelegenheit, den Blick beim Gehen schweifen zu lassen und die vielen Eindrücke eines Golfplatzes wahrzunehmen. Stattdessen rast die Landschaft wie im Zeitraffer an ihm vorbei. Was für manche Golfer erst eine gute Golfrunde ausmacht – ausreichend Bier in die Golf-Carts geladen und dann regelrecht Wettfahrten veranstalten – ist dem Golf-Gentleman sehr fremd.

Wenn sich das Cart fahren nicht vermeiden lässt, macht sich der Golf-Gentleman im Sekretariat mit den örtlichen Vorschriften zu deren Verwendung vertraut. *Path only* gefällt dem Platz am besten, da dann alle Golf-Carts auf den (asphaltierten) Wegen neben den Fairways bleiben müssen und der Spieler mit dem Schläger in der Hand von dort zum Ball geht. Dabei entstehen dem Spieler oft längere Wege, als wenn er gleich gelaufen wäre. Auch das Mitnehmen von mehreren Schlägern auf diese Fußmärsche ist störend, aber erforderlich, wenn die Lage des Balls oder die Spiellinie schwierig vom Golf-Cart aus abzuschätzen sind. Bei der *90° rule* fahren die Carts zuerst am Rand des Fairways oder auf den dort angelegten Wegen, um dann auf Ballhöhe im 90°-Winkel über das Fairway zum Ball zu fahren. Ohne explizite Regeln darf das Cart über Fairways direkt zu den Bällen gefahren werden.

Die schweren Golf-Carts verdichten das Erdreich unter den Fairways, was sich negativ auf den Grasbewuchs auswirken kann. An Regentagen vermeidet der Golf-Gentleman, sein Golf-Cart durch Pfützen oder Engstellen zu steuern, durch die schon andere Carts vor ihm gefahren sind. Wie der Fußgänger, der automatisch aufgeweichten Boden umgeht, so dass sich Feuchtstellen leichter erholen können. Sanft beschleunigt und bremst der Golf-Gentleman sein Golf-Cart. Er fährt nicht durch Roughs oder Biotope und auch keine engen Kurven, da das Reifenprofil Gras aus dem Boden reißen kann. Zur Platzschonung und zur Vermeidung von Unfällen ist er mit besonderer Vorsicht im Cart unterwegs. Weder will er mit anderen Golf-Carts zusammenstoßen noch mit dem eigenen an steilen Stellen umstürzen noch Fußgänger gefährden.

Vor dem Gang in das Clubhaus

Der Golf-Gentleman fährt langsam auf das Clubgelände, um sich nicht gleich durch quietschende Reifen, aufgewirbelten Schotter und Vollbremsungen auf dem Parkplatz einen schlechten Namen zu machen.

Auf dem Parkplatz im Golfclub angekommen, neigen Golfer, die schon in Golfsachen gekommen sind, sich an ihren Autos die Golfschuhe anzuziehen. Nicht so der Golf-Gentleman: Er geht allein schon für das Wechseln der Schuhe in den Umkleideraum.

Freunde und Bekannte, die er auf dem Clubgelände trifft, begrüßt er herzlich, jedoch nicht laut rufend quer über den Parkplatz und das Übungsareal. Auf dem gesamten Golfgelände herrschen für ihn Ruhe und nur gedämpfte Gespräche.

Die Golftasche nimmt er nicht mit in das Clubhaus hinein, sondern stellt sie draußen an den dafür vorgesehenen Stellen ab. Wenn derlei Stellen nicht gesondert ausgewiesen oder bekannt sind, parkt der Golf-Gentleman seine Golftasche so, dass sie niemandem im Weg steht.

Das Sekretariat aufsuchen

Vor jeder Runde meldet sich der Golf-Gentleman im Sekretariat. Beim Betreten des Clubhauses gilt: Mütze ab, Sonnenbrille herunter! Sofern er nicht in seinem eigenen Club spielt, entrichtet er dort das Greenfee für die Runde und erwirbt Token oder passende Münzen für den Ballautomaten der Driving Range. Im eigenen Club gibt er Bescheid, dass er eine Golfrunde antreten möchte, selbst wenn in seinem Club die

Vergabe von Startzeiten als nicht erforderlich angesehen wird. Sollte das Sekretariat (noch) nicht geöffnet sein, ist in vielen Golfclubs vorgesehen, dass sich der Spieler in ein offen ausliegendes Gästebuch einträgt, das Greenfee passend in bar in einem Umschlag hinterlässt, der in einen bereitgestellten Briefkasten geworfen wird. Vom Briefumschlag wird vorher der Greenfee-Tag abgelöst und vom Spieler als Nachweis auf die Runde genommen. Aus diesem Grund hat der Golf-Gentleman auf der Fahrt zu einem fremden Platz immer Bargeld dabei. Niemals würde er den Platz betreten, ohne sich vorher ordnungsgemäß als Gast eingetragen und das Greenfee entrichtet zu haben.

Im Clubhaus informiert er sich über lokale Platzregeln. Diese sind oft auf den Score-Karten abgedruckt, dort aber manchmal nicht mehr aktuell. Daher verlässt sich der Golf-Gentleman besser auf den Aushang im Clubhaus. Ebenso erkundigt er sich über die aktuellen Vorschriften zur Benutzung von Golfwagen und die Besonderheiten des Tages, beispielsweise den Einsatz von Greenkeepern auf bestimmten Bahnen oder gesperrte Stellen auf dem Platz. Auf Anlagen mit 27 Löchern lässt er sich die Spielmöglichkeiten für die Runde über 18 Löcher darstellen.

Der Golf-Gentleman geht nur ungern alleine auf die Runde. Er gibt sich lieber die Chance, neue Mitspieler kennenzulernen und mit alten Bekannten zu spielen. Auch weiß er, dass Einzelspieler in manchen Clubs per Platzregel rechtlos sind, wenn es um das Durchspielen geht. Daher ist er bestrebt, Mitspieler zu finden, wenn er alleine auf den Golfplatz kommt. Nach eben solchen sucht er auf dem Clubgelände (zum Beispiel auf der Driving Range oder direkt am ersten Abschlag), oder er fragt das Sekretariat nach unvollständigen Spielergruppen, denen er sich anschließen kann. Gerade in fremden Clubs hat er gerne Mitspieler dabei, die ihm den Weg über den Platz weisen und die ihm unbekannte Bahnen erläutern. Findet sich trotz aller Bemühungen kein Mitspieler, der den Platz kennt, lässt er sich eine Karte mit dem Layout des Platzes zeigen, um sich später nicht doch zu verlaufen.

Manche Golfer berichten, dass sie sich im Sekretariat hochnäsig oder unfreundlich behandelt gefühlt haben. Sollte der Golf-Gentleman in so eine Situation kommen, fragt er freundlich nach, ob er als (Gast-) Spieler denn auch willkommen sei. Vorher wägt er jedoch kritisch ab, ob sich so ein Disput wirklich lohnt.

Vor dem Gang auf den Platz geht der Golf-Gentleman noch einmal zum WC, um draußen nicht gleich den Weg in das Unterholz aufsuchen zu müssen. Auch reibt er sich ausreichend mit Sonnencreme und Zeckenspray ein zum Schutz vor Sonne beziehungsweise beim Gang durch das Rough.

3.5 AUF DER DRIVING RANGE ÜBEN

Den Golf-Gentleman sieht man des Öfteren auf der Driving Range. Auf ihr wärmt er sich einerseits vor jeder Runde auf. Andererseits übt er dort, um sein Spiel weiter zu verbessern.

Einschlagen vor der Runde

Zum Aufwärmen nutzt der Golf-Gentleman nicht den Abschlag der ersten Bahn. Raumgreifende Dehnübungen, volle Probeschwünge und Chippen stören die dort abschlagbereiten Spielergruppen. Derlei Treiben ist gerade dann gefährlich, wenn sich mehrere Spielergruppen am 1. Tee versammeln, die leicht in die Schwungbahn des sich aufwärmenden Spielers geraten können. Selbst wenn der Golf-Gentleman nur wenig Zeit hat, geht er zumindest auf das Putting Green, um sich mit der Grün-Geschwindigkeit vertraut zu machen. In der Nähe des Putting

Greens ergibt sich dann auch die Gelegenheit für Dehnübungen, mit denen er Muskelverletzungen auf der Runde vorbeugt.

Die Übungseinheit vor der Golfrunde hält der Golf-Gentleman kurz, um auch am 18. Abschlag noch ausreichend frisch im Kopf zu sein. Zwei Stunden volle Konzentration auf der Driving Range und danach für weitere vier Stunden auf dem Platz halten nur die Wenigsten durch. Er lässt sich nicht von schlechten Schlägen auf der Range vor der Runde nervös machen. Er vertraut darauf, dass er seinen Schwung auf dem Platz abrufen kann und dort die Schläge gelingen. Daher würde er sich nicht einen zusätzlichen Korb Bälle holen, um zu versuchen, mit ausschließlich guten Schlägen von der Range zum 1. Abschlag zu gehen. Gleichzeitig weiß er auch, dass phänomenale Schläge auf der Range nicht automatisch eine großartige Golfrunde nach sich ziehen.

Sich golferisch verbessern

Mitunter legt der Golf-Gentleman Übungseinheiten auf der Driving Range ein, ohne danach auf den Golfplatz zu gehen. Er weiß, dass ohne wiederholtes Training keine Verbesserung im Golf zu erwarten ist. Diese Übungseinheiten fallen durchaus länger aus. Beim Schlagen nimmt er sich Zeit und konzentriert sich voll auf jeden Schlag. Ihm geht es nicht darum, möglichst viele Bälle heraus zu jagen, sondern um die bewusste Durchführung seines Schlags, wobei er schrittweise auf die Details achtet, an denen er eine Änderung oder Festigung herbeiführen will. Nicht immer, aber regelmäßig zieht er den Golf-Pro seines Vertrauens hinzu, um gezielt an seinen Schlägen zu arbeiten. Im Hinblick auf einen überzeugenden Auftritt auf dem Golfplatz vernachlässigt er dabei nicht das so genannte kurze Spiel, also Chippen, Pitchen, Bunkerschläge und Putten. Nicht die Länge der Abschläge ist seine Passion, sondern die Genauigkeit im Bereich um das Grün.

Sicherheit auf der Driving Range

Durch verirrte Bälle und Schlägerköpfe kann es zu schlimmen Verletzungen auf der Driving Range kommen. Daher sind alle Spieler aufgefordert, für die größtmögliche Sicherheit aller Anwesenden zu sorgen.

Wird aus separaten Boxen abgeschlagen, hält sich nur ein Spieler in jeder Box auf. Gibt es keine Boxen sondern Abschlagplätze, die am Rande der Rasenfläche markiert sind, stehen alle Spieler auf der gleichen Höhe. Selbst bei Querschlägern darf kein Spieler getroffen werden. Der Golf-Gentleman hält ausreichend Abstand zu den neben ihm übenden Spielern, so dass er selbst bei Rück- und Durchschwung mit dem Driver nicht Gefahr läuft, seine Nebenleute zu treffen. Allerdings wählt er den Abstand nur so groß, dass möglichst viele Spieler gleichzeitig auf der Range trainieren können. Um übende Spieler macht er einen großen Bogen, um nicht in deren Schwungbereich zu geraten.

Tees, die beim Schlagen auf die Range geflogen sind, wieder zu erlangen, ist prinzipiell möglich, sofern diese nicht weit geflogen sind. Hierzu verständigt er sich mit allen Trainierenden in der Nähe, bevor er schnell seine Tees wieder aufliest. Bälle werden nicht wieder eingesammelt. Daran erinnern auf vielen Anlagen auch explizit dafür aufgestellte Schilder. Wenn der Golf-Gentleman mehr Bälle schlagen will, zieht er sich einfach einen neuen Korb aus dem Ballautomaten.

Zum Glück nur selten löst sich beim Schlag ein Schlägerkopf und fliegt im hohen Bogen auf die Range. Da Ballsammler und Rasenmäher durch den abgebrochenen Schlägerkopf Schaden nehmen können, informiert der Golf-Gentleman nach so einem Malheur anwesende Golf-Pros oder die Aufsicht der Driving Range. In der Regel wird dann der Spielbetrieb gestoppt, um den Schlägerkopf wieder einzusammeln. Die Unterbrechung nutzt der Golf-Gentleman, um sich zu vergegenwärtigen, welche Schäden herumfliegende Ausrüstung verursachen kann.

Auf der Driving Range macht er keine Schläge auf andere Golfer. Gerade auf Anlagen, die von mehreren Richtungen bespielt werden, wählt er seine Schläger so, dass er Spieler auf der gegenüberliegenden Seite bei weitem nicht erreichen kann. Manch ein Golfer macht sich einen Spaß daraus, auf den Wagen zu schießen, der gerade die Bälle einsammelt. Selbst wenn der Wagen durch Gitter ausreichend geschützt ist, schlägt der Golf-Gentleman keinen Ball, so lange der Wagen unterwegs ist. Dessen Fahrer wird es ihm danken.

Rücksicht auf andere Spieler nehmen

Auf der Driving Range kleidet sich der Golf-Gentleman wie auf dem Golfplatz. Jegliche Vorgabe der Kleiderordnung hält er auch beim Training ein, selbst wenn er danach nicht auf den Platz zu gehen plant. Wie auf dem gesamten Gelände herrscht auch auf der Driving Range Ruhe. Gespräche werden gedämpft geführt. Für lautes Rufen gibt es keinen Grund, sofern niemand in Gefahr ist.

Häufig sind Abschlagplätze das knappe Gut der Driving Range: Nicht jeder Spieler, der üben will, bekommt gleich einen. Wer also für sich einen Abschlagplatz gefunden hat, nutzt diesen dann auch. Verlässt er seinen Platz nur kurz, um beispielsweise neue Bälle zu holen, legt er seinen Golfschläger auf Matte oder Rasenareal ab als Signal, dass die Stelle belegt ist. Wenn der Golf-Gentleman ein voraussichtlich längeres Gespräch startet, gibt er seinen Abschlagplatz frei und blockiert diesen nicht sinnlos. Ebenso verfährt er bei längeren Telefonaten, wenn er andere Spieler besucht oder zum Putting-Grün geht. Gerne nimmt er einen befreundeten Spieler mit auf die Driving Range, mit dem er sich einen Abschlagplatz teilt. So kann er zwischendurch pausieren oder Putten üben, ohne gleich den Abschlagplatz hergeben zu müssen.

Wenn nicht von Matten, sondern direkt vom Rasen abgeschlagen wird, ist der Bereich, in dem Spieler stehen sollen, oft mit gespannten Seilen markiert. Der Golf-Gentleman spielt dann ausschließlich innerhalb dieser Markierungen und passt auf, dass er die Seile nicht unnötig bewegt, um andere Spieler nicht in ihrer Konzentration zu stören.

Nicht verbrauchte Bälle und leere Ballkörbe bringt der Golf-Gentleman nach Ende seiner Übungseinheit wieder an den Ballautomaten zurück. Dabei nimmt er auch leere Körbe mit, die er unterwegs findet. Ihm ist bewusst, dass er mit der Range-Gebühr für die Benutzung von Bällen und Übungseinrichtungen bezahlt hat, nicht aber für Dienstleistungen wie das Wiedereinsammeln von Ballkörben. Keinen guten Eindruck hinterlässt diejenige Anlage, an deren Ballautomaten keine Körbe mehr vorhanden sind, da sich die Spieler anscheinend zu fein sind, diese zurückzubringen. Die Unart, nicht verbrauchte Bälle abseits der Driving Range für späteres Training aufzubewahren, ist ihm fremd.

Die Driving Range schonen

Die Driving Range ist zu schonen, um allen Spielern jederzeit ein ungestörtes Üben zu ermöglichen. Was für den Golf-Gentleman auf Abschlag, Fairway und Grün sowie in Hindernissen auf dem Golfplatz gilt, beachtet er auch auf der Driving Range. Wird vom Rasen abgeschlagen, setzt er Divots nicht wieder ein. Sofern vorhanden, füllt er entstandene Löchern mit bereitgestelltem Sand auf, der oftmals auch Grassamen enthält. Bunker ebnet er während und nach Abschluss der Übungseinheit wieder ein. Aus dem Bunker geschlagener Sand wird nicht zurückgeschaufelt. Mit Trolley oder Golf-Cart fährt der Golf-Gentleman nicht über Abschläge, Übungsgrüns, Bunker oder den Pitching- und Chipping-Bereich.

Auf dem Putting-Grün

Auf dem Putting-Grün wird nur das Putten geübt. Pitching oder Chipping finden hier nicht statt. Beides stört die Puttenden und bringt sie unnötig in Gefahr. Die entstehenden Pitch-Marken würden die Qualität des Putting-Grüns ruinieren. Der Golf-Gentleman spielt auf dem Putting-Grün nur mit eigenen Golfbällen. Diese haben andere Rolleigenschaften als Range-Bälle. Ein Üben mit Range-Bällen würde demnach kein realistisches Gefühl für das Putten auf der Runde geben. Zudem kommt er nicht in Verdacht, Range-Bälle entwenden zu wollen.

Auf dem Putting-Grün übt er das Lesen von Grüns, also das Studieren der Bodengegebenheiten vom Ball zum Loch. Beim Lesen ist er gefordert, die richtige Puttlinie zu bestimmen, indem er den Weg, den der Ball aufgrund der Unebenheiten nehmen wird, vorhersagt. Durch Putten eines Balls bestimmt der Golf-Gentleman dann die Qualität seines vorherigen Lesens des Grüns. Weniger hilfreich ist, einfach mehrere Bälle von der gleichen Stelle zu einem Loch zu putten und zu schauen, was passiert. Auf der Golfrunde schlägt er ja auch nicht mehrere Probebälle, um die richtige Puttlinie zu bestimmen.

Gerade vor Turnieren üben viele Spieler gleichzeitig auf dem Putting-Grün. Dass mehrere Spieler dabei auf das gleiche Loch spielen, ist unüblich. Der Golf-Gentleman vermeidet, dass sich Puttlinien kreuzen. Wenn alle Löcher auf dem Putting-Grün belegt sind, er aber nicht immer auf das gleiche Loch spielen möchte, bietet er einem anderen Spieler den Tausch an. Das geht oft ohne große Worte.

Im Pitching- und Chipping-Bereich

Hier werden nur Pitching und Chipping geübt, aber kein Putting. Beim Pitchen stehen häufig mehrere Spieler um das Pitching-Grün herum.

Verunglückte Pitches, vor allem getoppte Bälle, bringen andere Übende in Gefahr. Der Golf-Gentleman achtet immer wieder auf die Schläge der übrigen Spieler und entdeckt so potenzielle Gefahrenbringer.

In der Regel sind Pitchen und Chippen mit Range-Bällen erlaubt. Üben mehrere Spieler gleichzeitig, sammeln sie auch gleichzeitig ihre Bälle wieder ein. Hat der Golf-Gentleman den Eindruck, dass er deutlich weniger Bälle einsammeln konnte, als er vorher geschlagen hat, spricht er die anderen Übenden darauf an. Über vertretbare „Verluste" schaut er gelassen hinweg. Nach Beendigen der Pitching-Einheit sammelt er alle seine Bälle wieder ein und lässt sie nicht einfach auf dem Grün liegen. Wenn er danach keine Bälle mehr schlagen möchte, bietet er die übrigen Bälle anderen Spielern an oder stellt sie am Ballautomaten ab.

Für den Fall, dass eigene Bälle zum Pitching oder Chipping benutzt werden müssen, hat der Golf-Gentleman einen kleinen Vorrat an bunten Bällen dabei, die sich leicht von den oft weißen Bällen anderer Spieler unterscheiden lassen. So entstehen weniger Missverständnisse, welcher Ball zu wem gehört.

3.6   EINE SPIELERGRUPPE BILDEN

Eine sprachliche Spitzfindigkeit zu Beginn: Aufgrund der schottischen Verdienste um den Golfsport haben viele Begriffe englische Wurzeln. Unsere Großväter haben zwar noch einen Treibschlag in das Raue gemacht. Der moderne Mann aber spielt mit dem Driver vom Tee auf das Fairway, manchmal auch in das Rough. Manch einer übertreibt es und verwendet vermeintlich englische Begriffe, die der Engländer gar nicht oder nur mit anderer Bedeutung kennt. Das Handy (engl. *cell phone*) gehört dazu, aber eben auch der *Flight*, mit dem der deutsche Golfer eine Gruppe von bis zu vier Spielern meint, die zusammen auf die Golfrunde gehen. Das offizielle Regelbuch des R&A sieht hierfür jedoch den Begriff „Spielergruppe" vor. Dagegen beschreibt ein *Flight* etwas gänzlich anderes, nämlich eine Wertungsklasse im Wettspiel oder Mannschaften, die im Lochspiel gegeneinander antreten.

Warum nicht alleine spielen

Alleine Golf zu spielen, macht dem Golf-Gentleman wenig Spaß. Die Geselligkeit bleibt dann außen vor, und der sportliche Druck tritt mehr in den Vordergrund. Ebenso ergeht es ihm beim Autofahren: Fährt er zu zweit, wird er besser unterhalten, und er lässt sich nicht so gehen beim Tempo und beim Verhalten anderen gegenüber. Daher sucht er sich aktiv Mitfahrer für das Auto und Mitspieler für die Golfrunde. Einzelspieler machen sich darüber hinaus kaum Freunde auf vollen Plätzen. Alle Golfer kämen schneller wieder in das Clubhaus, wenn ausschließlich Spielergruppen mit je vier Spielern unterwegs wären – und dafür weniger Spielergruppen insgesamt. Der Einzelspieler ist in der Regel schneller als alle übrigen Spielergruppen. Dementsprechend wartet er oft – und dann alleine. Das Recht durchzuspielen, wird ihm gemäß Platzregel häufig entzogen. Und selbst wenn er es darf, trägt wiederholtes Überholen von anderen Spielergruppen nicht zu einer entspannten Runde bei. Auch sollte sich jeder Golfer fragen, welche Wirkung er als überzeugter Einzelspieler bei anderen Golfern hinterlässt: Ist er etwa menschenscheu, oder lehnt er womöglich das Spiel mit ihnen persönlich ab? In jedem Fall kein positiver Eindruck!

Der Golf-Gentleman spielt gerne in Gesellschaft. Einerseits schätzt er die Runde mit ihm bekannten Mitspielern. Man kennt sich, ist miteinander vertraut, und es reizt die Wiederholung gemeinsamer Runden.

Andererseits trifft er gerne auf neue Mitspieler. Das mag für manch einen anstrengend wirken, da sich vorab Unbekannte erst einmal aufeinander einstellen müssen. „Bekomme ich eine harmonische Runde mit diesen mir fremden Mitspielern hin?", fragt sich der scheue Golfer. „Ja, das schaffen Sie!" Die Chance, wirklich interessante Spielpartner neu kennenzulernen, wiegt das Risiko, wider Erwarten doch nicht die gemeinsame Runde voll genießen zu können, voll auf. Es ist bei Golfrunden wie beim Besuch unseres örtlichen Tanzlokals in frühen Jahren: Häufig waren wir dort, aber nicht jedes Mal war es unvergesslich. Nur wussten wir eben nicht schon vor dem Weggehen, ob es ein großartiger Abend wird oder nicht. Daher haben wir so oft wie möglich die Gelegenheit gesucht. Genau diese Chance gibt sich der Golf-Gentleman auch immer wieder: Will er wirklich faszinierende Menschen kennenlernen, muss er mit fremden Golfern spielen. Er lädt daher immer wieder andere Spieler ein, mit ihm auf die Runde zu gehen. Wenn das Zusammenspiel für ihn dann doch nicht erbaulich war, wird er eine Wiederholung vorerst nicht anstreben.

Mit wem spielen

Seien wir ehrlich: Am liebsten und daher am meisten spielt der Golf-Gentleman mit anderen Herren seiner (erweiterten) Altersklasse. Hier findet er seinesgleichen im Geiste, teilt einen großen Fundus gemeinsamer Interessen und sucht den sportlichen Vergleich mit ihm ebenbürtigen Spielern.

Gleichzeitig rät der Golf-Gentleman: Spielen Sie mit Damen! Er macht es oft, und jedes Mal gerne. Hat er eine Dame in seiner Spielergruppe, profitiert sein Spiel davon. Sie ist oftmals eine exzellente Ballfinderin, da sie diese Fertigkeit im Spiel mit ihrem wild streuenden Lebenspartner trainiert hat. Und er schaut sich bei ihr ein effektives *Course*

Management ab: Etwas geringere Längen im Schlag, dafür gerade. So ist seine Quote *Greens in Regulation* vielleicht nur gering (Anteil der Bahnen, in denen er das Grün mit der dafür vorgesehenen Schlagzahl trifft, also mit zwei Schlägen weniger als PAR), dafür spielt er oft Bogey und manchmal PAR, je nach Güte der Annäherung. Vergleichen Sie das mal mit Ihren aktuellen Scores! Sind Damen in seiner Spielergruppe, schließt der Golf-Gentleman sie nicht aus. Er wartet, bis sie mit ihrem Abschlag fertig sind und geht mit ihnen gemeinsam nach vorne. Viele Herren rennen einfach los, und die Dame schlendert alleine hinterher. Charmant ist er zu ihr; manche sagen, er flirtet mitunter hemmungslos. Alles erlaubt, so lange es in den Grenzen des guten Geschmacks bleibt und er nicht offenkundig auf die Erfüllung des Erhofften drängt. Da der gemeine Golfer oft sogar grob zu Damen auf dem Golfplatz ist, schließlich war er hier einmal unter sich (*no dogs, no ladies*), ist der Golf-Gentleman für jede Golferin eine angenehme Ausnahmeerscheinung. Eines beherzigt er dabei: Keine falsche Belehrung! Gerne gibt der typische Mann der golfenden Dame ungefragt Hinweise, wie sie ihr Spiel verbessern kann. Lassen Sie es, denn die Damen mögen das in der Regel gar nicht, weder die eigene Ehefrau noch jede andere Golferin. Und es ist vielmehr der grob-motorisch veranlagte Herr, der von seiner Frau etwas lernen könnte.

Ebenso spielt der Golf-Gentleman gerne mit Senioren. Gerade wenn diese auf ein langes Golfleben zurückblicken, sind sie häufig gelassene Zeitgenossen, die Golf als Spiel verstehen, Rückschläge auf der Runde souverän hinnehmen und nicht verbissen um einen niedrigen Score kämpfen. Des Weiteren erfährt er von ihnen über das Clubleben vergangener Jahrzehnte, als Golf noch ein Schattendasein fristete. Dafür drückt er auch mal ein Auge zu, wenn ein Golfer auf seine alten Tage etwas eigenwillige Marotten auslebt, die nicht voll der Etikette entsprechen. Für ihre Verdienste um die Etablierung des Golfsports und die Gründung des Clubs sei es ihnen verziehen. Gerne bietet er Hilfe an, wenn das Bücken nach dem Ball schwerfällt und die Sehkraft nachlässt. Den Senior freut es sicherlich zu erleben, dass die nachwachsende Golf-Generation (also wir) den *Spirit of the Game* verinnerlicht hat.

Wie sagte ein gewisser Thomas Morus in diesem Zusammenhang: „Tradition ist nicht das Halten der Asche, sondern das Weitergeben der Flamme." Aus diesem Grund begrüßt der Golf-Gentleman gerne Jugendliche in seiner Spielergruppe. Denn ihnen kann er zeigen, dass es beim Golf nicht nur um Wettbewerb und Handicap geht, - und damit diese Flamme weitergeben.

Manchmal hat er Gelegenheit, mit Menschen zu spielen, die trotz körperlich bedingter Einschränkungen Golf für sich entdeckt haben. Einarmige Spieler kommen mit der ihnen eigenen Technik auf beachtliche Weiten, und selbst Gehbehinderte können sich dank spezieller Carts auf dem Golfplatz bewegen. Sie alle sieht der Golf-Gentleman als normale Mitspieler an, die per se keiner falschen Fürsorge bedürfen. Vor der Runde fragt er sie, auf welche Weise er ihnen behilflich sein kann.

Sich vorstellen

Der Golf-Gentleman stellt sich seinen Mitspielern mit Namen und per Handschlag unaufgefordert vor. Mit ihm vertrauten Damen tauscht er Wangenküsschen aus, sofern angebracht. Er schaut jedem Begrüßten in die Augen und wiederholt dessen Namen laut, um sich auch noch am zweiten Abschlag an die Namen seiner Mitspieler zu erinnern. Mitunter schreibt er die Namen unbemerkt auf seiner Score-Karte auf, um nicht nachfragen zu müssen. Er selbst stellt sich bei seinen Mitspielern als „Meier, Klaus Meier" vor. Etwaige Titel lässt er weg; Herr Dr. Meier geht dann als Herr Meier durch. Duzt er sich mit den Mitspielern, sagt er „Klaus, Klaus Meier". Die Wiederholung des Nachnamens beziehungsweise des Vornamens erleichtert den Mitspielern das Merken.

Sein Handicap erwähnt er nicht, und nach dem Handicap seiner Mitspieler fragt er nicht. Wozu auch! Das Handicap ist weder Teil des Namens, noch hat es erst einmal Einfluss auf die bevorstehende Runde, so lange kein Wettspiel veranstaltet wird, bei dem die Spielvorgabe berücksichtigt werden soll.

Du oder Sie

Der Golf-Gentleman ist konsequent, was das Duzen angeht. Ein so genanntes „Tages-Du" ist ihm fremd. Bei dieser merkwürdigen und dennoch verbreiteten Form sind die Spieler „per Du" am Tag der Golfrunde, danach wird sich wieder gesiezt. Für ihn gilt: Wen er einmal duzt, den duzt er immer. Per Du will er aber nicht mit jedem Menschen sein. Gerade an solche Mitspieler, mit denen er auch in anderem Kontext agiert (beispielsweise durch geschäftliche Aktivitäten), vergibt er das Du nicht freizügig, sondern wohlüberlegt. Sofern nichts anderes vereinbart wird, ist er also per Sie mit seinen Mitspielern.

Prinzipiell kann der Golf-Gentleman damit bei zahlreichen Mitspielern kräftig anecken, da das allgemeine Duzen auf deutschen Golfplätzen weit verbreitet ist. Er weiß vom Leben außerhalb des Golfplatzes, dass er auch per Sie sehr gut mit anderen Menschen auskommt, dass er ihnen gegenüber damit Respekt ausdrückt und dass man sich auch per Du richtig auf die Nerven gehen kann. Er kennt viele Menschen, mit denen er per Sie ist und zu denen er ein sehr inniges Verhältnis pflegt. Fordern die Mitspieler das Duzen vom Golf-Gentleman regelrecht ein, begründet er seinen Standpunkt freundlich und bleibt beim Sie. Ein Grund, dann nicht mehr zusammen auf die Runde zu gehen, sollten solche unterschiedlichen Sichtweisen sicherlich nicht sein.

Wenn der Golf-Gentleman später auf der Runde seine Meinung ändert und er doch mit einem Mitspieler per Du sein möchte, spricht er das offen und ungezwungen an. Dabei gilt: Die Dame bietet es dem Herrn an, der Ältere dem Jüngeren, der offensichtlich Ranghöhere dem Rangniederen. Sollte der Golf-Gentleman das jeweils nicht sein, lässt er die Dame oder seinen älteren oder ranghöheren Mitspieler charmant wissen, dass er ein Angebot zum Duzen akzeptieren würde, wenn es denn angeboten würde.

Rangordnung

In der Spielergruppe sind alle Golfer gleich berechtigt. Einen „Flight-Führer" gibt es nicht. Die Spielergruppe entscheidet gemeinschaftlich über Dinge auf der Runde, also beispielsweise wo und wie lange Pausen gemacht werden oder wann die nachfolgende Gruppe zum Durchspielen aufgefordert werden soll. Kein Mitspieler darf wegen seines Handicaps besondere Rechte einfordern, wie die Ehre des ersten Abschlags zu erhalten oder erster Ansprechpartner bei jeglichen Fragen zu sein. Ebenso darf niemand, der gerade mit Golf angefangen hat oder noch nicht sicher spielt, für sich eine besondere Behandlung in Anspruch nehmen, die über die allgemeine Rücksichtnahme hinausgeht.

Der Golf-Gentleman fordert für sich selbst keine gesonderten Rechte, die man aus seinem Ansehen, aus der Dauer seiner Clubzugehörigkeit, aus seiner Rolle im Golfclub oder in der Gesellschaft ableiten könnte. Vielmehr bildet er sich durch sein Auftreten und Wesen als gesuchter Ratgeber für seine Mitspieler heraus. Nicht kraft eines Amtes überzeugt er, sondern durch sein Wirken auf andere. Eine Fähigkeit, die außerhalb des Golfplatzes durchaus von Nutzen ist!

Begleitpersonen

Nicht oft, aber immer wieder einmal bringt ein Golfer einen Nicht-Golfer mit auf die Runde. Angebracht ist dann, die Spielergruppe zu fragen, unter welchen Voraussetzungen die Begleitung erfolgen darf. In der Regel sollte niemand etwas dagegen haben. Die Mitspieler müssen sich aber darauf verlassen können, dass sich der Nicht-Golfer auf dem Golfplatz zu benehmen weiß. Bringt der Golf-Gentleman jemanden mit, stellt er genau das vorher sicher. Sofern die Mitspieler nichts einzuwenden haben, gibt er seinem Begleiter gerne eine sinnvolle Aufgabe zwecks besserer Integration in die Spielergruppe. Beispielsweise kann dieser als Voraus-Caddy agieren, Entfernungen angeben, Fotos machen oder Schlagzahlen für die Spielergruppe aufschreiben.

Bringt der Golf-Gentleman einen Caddy mit, stellt er diesen seinen Mitspielern als solchen vor. Caddies seiner Mitspieler begrüßt er freundlich und mit Respekt. Deren Rat fordert er jedoch nicht aktiv ein.

Hunde findet man selten auf Golfplätzen. Nur auf seinem Heimatplatz, sofern dieser das erlaubt und der Hund dafür geeignet ist, nimmt der Golf-Gentleman auch mal seinen Hund mit auf die Runde. Alles andere als volle Begeisterung bei seinen Mitspielern über den mitgebrachten Hund nimmt er zum Anlass, mit dem Hund zurückzubleiben und seine Runde alleine – abgesehen vom Hund – zu gehen.

3.7 DIE SPIELFORM FINDEN

Nachdem sich die Spielergruppe bekannt gemacht hat, sollte sie sich einigen, wie sie miteinander Golf spielen möchte. Am einfachsten ist, wenn jeder Spieler für sich sein eigenes Spiel gegen den Platz macht.

Auf jedem Loch wird dann nur um die traditionelle Ehre am nächsten Abschlag gespielt. Die Verbindung der Mitspieler entsteht allein über die Unterhaltung. Interessanter ist für manche Golfer, sich im sportlichen Wettkampf zu messen. Gern gesehen sind dabei Varianten, bei denen nach jedem Loch ein Ergebnis feststeht, also beispielsweise ein klassisches Lochspiel. Zocken ist dabei eine Steigerung, bei dem der sportliche Wettkampf um materielle Einsätze ergänzt wird.

Regeln anwenden in privaten Runden

Laut Golfregel 1.3 im offiziellen Regelbuch wird Golf zwangsläufig nach den Golfregeln gespielt. Wer sich also auf dem Golfplatz nicht an alle Golfregeln hält, spielt, streng genommen, gar kein Golf, sondern versucht lediglich, mit Schlägern einen Golfball in ein Loch zu befördern. Der Golf-Gentleman spielt auf jeder Runde Golf. Soll heißen: Er wendet die Golfregeln konsequent an, ob privat oder im Turnier. Er gönnt sich keine Erleichterungen wie *Mulligan*, Leder-*Wedge* oder ähnliches.

So streng ist der Golf-Gentleman jedoch nicht zu seinen Mitspielern. Bei ihnen reicht es ihm in freundschaftlichen Spielen aus, wenn er durch deren Regelauslegung nicht belästigt wird und sicher spielen kann. Seine Mitspieler brauchen Golfregeln mal nicht anzuwenden, beispielsweise wenn sie Schläge wiederholen, Bälle besser legen oder aus dem ungeliebten Bunker herausholen. Er erwartet aber, dass sich die Mitspieler vorher mit ihm über derlei Handlungen kurz verständigen, um die Sicherheit aller nicht zu gefährden.

Päpstlicher als der Papst ist der Golf-Gentleman in Privatrunden jedoch nicht. Äußerst selten setzt auch er sich über einzelne Regeln hinweg. Er schlägt dann aus Übungszwecken eine missglückte Annäherung noch einmal. Oder er legt den Ball von der Bunkerkante oder dem fremden Vorgrün (von dem es keine Erleichterung gibt) weg, um den Platz zu schonen. Von seinen Mitspielern holt er vorher deren Einverständnis ein, so verfahren zu dürfen. Kein Mitspieler sollte durch die laxe Handhabung der Regeln durch andere Spieler gestört werden, schon gar nicht durch den Golf-Gentleman.

Ein Wettspiel aufsetzen

Für ein Wettspiel kennt der Golf-Gentleman viele Formen: Zählspiel brutto, netto oder gegen PAR, mit oder ohne Stableford sowie Lochspiel, und das zu zweit, zu dritt oder zu viert. Weitere trickreiche Varianten kennt jeder erfahrene Golfer. Es gibt sogar eigene Bücher nur über Wettspielarten im Golf.

Unabhängig von der Form gilt: Sobald sich zwei Spieler im freundschaftlichen Wettspiel miteinander messen, haben beide streng die Regeln zu befolgen. Der Golf-Gentleman hat das Recht, von seinen Mitspielern die uneingeschränkte Anwendung aller Regeln zu erwarten. Schon die persönliche Ehre verbietet es, Vorteile durch falsche Auslegung von Regeln oder deren Nicht-Beachtung zu erlangen. Wer es nicht ertragen kann zu verlieren, sollte sich auf ein Wettspiel nicht einlassen. Der Golf-Gentleman gönnt seinen Mitspielern den Erfolg und kämpft nicht verbissen um den Sieg, schenkt diesen aber auch nicht leichtfertig her. Er gibt sein Bestes, so dass der Mitspieler, wenn er denn gewonnen hat, auf diese Leistung mit Recht stolz sein kann. Der Golf-Gentleman bleibt jederzeit sportlich fair. Er freut sich nicht über das Pech oder das Unvermögen des anderen, sondern er erkennt dessen gute Leistungen respektvoll an. Nun bedeutet die strenge Anwendung von Regeln nicht unbedingt ein verspanntes Verhältnis der Spieler untereinander. Gerade wenn man sich gut kennt, ist es umso amüsanter, genau auf die Einhaltung der Regeln zu achten und sich gegenseitig süffisant-freundschaftlich auf Verstöße hinzuweisen. Für

Außenstehende mag man sich das Schwarze unter den Fingernägeln nicht gönnen. In Wirklichkeit ist man innig miteinander verbunden, da ein solches Verhalten sonst nicht vorstellbar wäre.

Wer beim Schummeln erwischt wird, verliert weit mehr als nur den Spieleinsatz. Der Golf-Gentleman fordert im Fall der Fälle seinen ertappten Mitspieler auf, die Angelegenheit wie ein Ehrenmann von sich aus angemessen zu klären. Das kann in der Regel nur das Verlorengeben des Wettspiels sein, verbunden mit der Bitte, den Vorfall *entre nous* zu belassen. Ist er im Grunde ein bislang unbescholtener Mitspieler, der aus Fehlverhalten zu lernen scheint, kann ihm der Golf-Gentleman später einmal durchaus eine zweite Chance geben.

Zocken

Mit Zocken seien hier alle Spielformen gemeint, bei denen sich zwei Spieler im freundschaftlichen Wettspiel messen und ein materieller Einsatz vereinbart wurde. Das Getränk nach der Runde, Golfbälle, Bargeld oder auch Dienstleistungen (kochen, servieren und abwaschen) könnten so ein Einsatz sein. Das Spielen um Naturalien hat den Vorteil, dass die Gefahr einer Sucht oder eines Ausuferns der Einsätze nicht so leicht aufkommen kann. Wurden Geldbeträge ausgemacht, neigen manche Golfer dazu, die Einsätze mit der Zeit zu erhöhen, um frühere Verluste wieder auszugleichen. Beim Zocken auf dem Golfplatz sollte es jedoch niemals um große Werte gehen. Das offizielle Regelbuch des R&A spricht von Beträgen, die als nicht übermäßig angesehen werden. Auch müssen die Spieler selbst die einzige Quelle für das von den Spielern zu gewinnende Geld sein. Außenstehende dürfen zum Einsatz also nicht beitragen. Kein Spieler sollte am Zocken teilnehmen, wenn er sich den Einsatz nicht leisten kann oder möchte.

Zocken auf dem Golfplatz haftet nichts Anrüchiges an. Sicherlich gibt es zwielichtige Gestalten, die angeblich regelmäßig um hohe Beträge spielen. Die Mehrheit der Golfer bleibt bei überschaubaren Einsätzen. Der Golf-Gentleman macht daher auch beim Zocken mit. Gerne spielt er um das Bier nach der Runde oder den schönen Logo-Ball. Mitunter schlägt er selbst die Durchführung eines solchen Spiels vor. Er überredet jedoch niemanden zum Mitmachen. Wenn andere einen Mitspieler zur Teilnahme nötigen, tritt er dazwischen. Alle müssen freiwillig dabei sein. Er passt auf, dass keiner der Mitmachenden offensichtlich mit Regeln und Einsätzen überfordert wird. Werden beispielsweise die Handicaps nicht berücksichtigt und brutto gespielt, schreitet er ein, wenn sich gute Spieler als Golf-Novizen ausgeben.

Der Golf-Gentleman schreibt seinen Einsatz schon zu Beginn der Runde ab. Mit dieser Einstellung kann er nur gewinnen. Vor dem Spiel geht er die speziellen Regeln für das Wettspiel mit allen Beteiligten durch. Er belässt es nicht bei gängigen Schlagworten („Spielen wir einen Nassau!") und erlebt dann später böse Überraschungen, wenn es unterschiedliche Auslegungen der Zockregeln gibt. Er zockt nur mit Mitspielern, die ihm bekannt sind. Bei unbekannten Spielern, denen er aber vertrauen möchte, spielt er anfänglich nur um geringe Einsätze und schließt jegliche Varianten aus, die ein wiederholtes Erhöhen der Einsätze während der Runde gestatten. Seine Schulden zahlt er auf jeden Fall gleich im Anschluss an die Runde, sofern nichts anderes vereinbart wurde. Von seinen Mitspielern darf er gleiches erwarten. Tun sie das nicht, haben sie das letzte Mal mit ihm um Einsätze gespielt.

Golf ist ein friedliches Spiel. Dennoch kann es durch verirrte Bälle oder geschwungene Schläger zu heftigen Verletzungen kommen. Jegliche Unfälle zu vermeiden, ist elementarer Bestandteil der Etikette im Golf. Beim sicheren Spiel kennt der Golf-Gentleman keine Kompromisse.

Probe- und Luftschwünge

Mit einer Waffe, selbst wenn sie nicht geladen ist, zielt ein anständiger Mann niemals auf andere Menschen. Aus eben diesem Grund schwingt der Golf-Gentleman seine Schläger nicht in Richtung anderer Spieler, weder hinter ihm noch vor ihm. Der Schlägerkopf könnte sich lösen, oder Steinchen werden beim Bodenkontakt zu Geschossen, und schon ist es hin mit der Sicherheit der Mitspieler. Übungsschwünge macht er daher meistens quer zur Spielrichtung in Richtung Fairway-Rand, also weg von den Mitspielern. So gefährdet er keine Spielergruppen vor oder hinter ihm. Aus der Ferne können diese den Unterschied zwischen echtem Schlag und Übungsschwung nicht ausmachen und fühlen sich zu Recht bedroht. Ebenso schwierig ist für sie erkennbar, ob ein Spieler nach vorne oder hinten schlägt.

Bei Probe- (mit Bodenkontakt) und Übungsschwüngen (ohne Bodenkontakt) muss jede Gefährdung von anderen Spielern ausgeschlossen sein. Der Spieler selbst muss sich vergewissern, dass niemand nahe an seinem Schwungradius steht. Analog sollte sich jeder Spieler so stellen, dass er ausreichend Abstand zum aktuell Schlagenden hat, um sich nicht selbst zu gefährden und dem Schlagenden nicht zu sehr auf die Pelle zu rücken. Jeder Spieler hat gerne eine gewisse Privatzone um sich herum, und in diese sollte kein Mitspieler eindringen.

Alles muss frei sein

Der Golf-Gentleman spielt erst, wenn die Spielbahn vor ihm frei ist. Niemand darf von seinem Schläger oder Ball getroffen werden. Würde ein Spieler so etwas billigend in Kauf nehmen, sollte er umgehend disqualifiziert und mit Platzsperre belegt werden. Daher wartet der Golf-Gentleman mit seinem Schlag, bis die Spielergruppe vor ihm so weit entfernt ist, dass selbst bei optimalem Treffen des Balls noch ein Sicherheitspuffer von mindestens 30 Metern zwischen Spielergruppe und Stelle verbleibt, an der der Ball zur Ruhe kommt. Er muss daher mitunter warten, bis er schlagen darf. Als umsichtiger Spieler tut er das lieber auf dem Abschlag als auf dem Fairway. Dementsprechend ermuntert er seine Spielergruppe, lieber am Abschlag eine kleine Pause einzulegen und die vor ihnen spielende Gruppe genügend vorausgehen zu lassen, als wiederholt auf dem Fairway zu warten.

Bevor der Golf-Gentleman schlägt, vergewissert er sich, dass er alle Spieler der Gruppe vor ihm sieht. Vermeiden will er, dass plötzlich ein Spieler hinter einem nahe gelegenen Gebüsch oder Baum auftaucht und so in die Flugbahn des Balls gerät. Auf das Grün schlägt er erst, wenn die Spielergruppe vor ihm das Grün vollständig verlassen hat und auf dem Weg zum nächsten Abschlag ist. Gleichzeitig erwartet er, dass die verlassende Gruppe zügig das Grün räumt. An längeren PAR-3-Löchern hält er seine Mitspieler und vor allem Anfänger davon ab, schon abzuschlagen, so lange noch Spieler auf dem Grün sind, auch wenn diese nur vorlegen wollen, ohne das Grün zu erreichen. Die Spieler auf dem Grün wissen das nicht und fühlen sich zu Recht gefährdet. Hier ist es wie beim freilaufenden Hund: Der Besitzer mag wissen, dass er nichts tut, die Passanten aber nicht.

Besondere Rücksicht nimmt der Golf-Gentleman auf Platzarbeiter, die für ihn immer Vorrang haben. Sind sie in einem Bereich tätig, in dem sein geschlagener Ball landen könnte, stellt er per Handzeichen vor dem Schlag sicher, dass sich die Platzarbeiter seines Schlages bewusst sind und sich kurz in Sicherheit bringen. Manch Spieler mag sich von Platzarbeitern gestört fühlen, gerade wenn einen der mächtige Rasenmäher von Bahn zu Bahn folgt. Der Golf-Gentleman wartet dann nicht, bis er richtig sauer ist, sondern spricht den Platzarbeiter frühzeitig an, um sich fortan nicht gegenseitig in die Quere zu kommen.

Schlägt ein Mitspieler nahe an Bäumen, Mauern oder Gebäuden, von denen der Ball abprallen und andere Spieler verletzen könnte, warnt der Golf-Gentleman seine Spielergruppe und sorgt dafür, dass alle besonders aufmerksam sind und sich in Sicherheit bringen.

Bei verirrten Bällen

Kommt der geschlagene Ball vom geplanten Weg ab und läuft er Gefahr, andere Spieler zu gefährden, ruft der Golf-Gentleman aus voller Brust zur Warnung anderer Spieler *„fore"*, gesprochen „forr". Lieber einmal mehr, lieber früh als spät und lieber laut als leise. Ein Warnruf, nachdem der Ball gelandet ist, bringt nichts. Ein kaum hörbares Rüfchen ebenso nichts. Fore ist der international anerkannte Warnruf. Nur dieser sollte verwendet werden, also nicht „Achtung" oder ähnliches. Von Zusätzen wie *fore left* (Ball verirrt sich, vom Spieler aus gesehen, nach links) oder *fore right* (das ganze nach rechts) hält der Golf-Gentleman nichts, denn den gefährdeten Spielern bliebe kaum Zeit zu berechnen, ob sie sich jetzt schützen müssen oder außerhalb des Gefahrenbereichs sind. Wenn es in seinem Spiel mal nicht so läuft, kommt dem Golf-Gentleman die Gelegenheit sehr recht, aus vollem Leib ein kräftiges „Fore" über den Platz zu schicken. Ein solcher Ruf reicht oft aus, um die eigene Gemütslage deutlich zu beruhigen. Im Gegensatz zu anderem Lärm auf dem Golfplatz wird der Fore-Ruf von vielen Golfern als nicht störend empfunden. Wer auf engen Plätzen unterwegs ist, hört derlei Rufe immer wieder, und schon gehören sie zum Spiel wie andere Geräusche der umgebenden Natur.

Wer „Fore" hört, hockt sich sofort hin, am besten hinter der Golftasche, hält die Hände zum Schutz über den Kopf und verharrt so für einige Augenblicke, bis der Ball sicher gelandet sein wird. Auch wenn niemand durch seinen Ball Schaden genommen hat, bittet der Golf-Gentleman alle potenziell gefährdeten Spieler schnellstmöglich um Entschuldigung. Sein Ziel ist die De-Eskalation, da es durchaus Spieler gibt, die sich erheblich echauffieren können, wenn sie beinahe getroffen wurden. Einerseits zu Recht, denn ein geschlagener Golfball kann schwere Verletzungen nach sich ziehen. Andererseits sollte jeder Golfer akzeptieren, dass es zu verirrten Bällen auf dem Platz kommen und dem verursachenden Spieler kein Vorwurf gemacht werden kann, sofern er laut und rechtzeitig den Warnruf ausgestoßen und vor allem nicht in böswilliger Absicht oder fahrlässig gehandelt hat.

Überall auf dem Golfplatz prüft der Golf-Gentleman, ob er mit seiner Spielergruppe an einer gefährlichen Ecke steht. Hinter dem schwierig einsehbaren Knick einer Dogleg-Bahn, im Streubereich eines Abschlags, in Senken oder im Grenzbereich zur Driving Range hält er sich nur ungern auf. Muss er dort warten, schlägt er den Mitspielern vor, an eine sichere Stelle zu gehen und dort zu bleiben, bis der nächste Schlag gemacht werden kann.

Ist ein Ball der Spielergruppe auf eine andere Spielbahn geraten (was hoffentlich von einem lauten „Fore" begleitet wurde), bremst der Golf-Gentleman seine Mitspieler, wenn sie unvorsichtig auf die fremde Bahn laufen wollen. Hier gilt es, von sicherer Stelle aus zu prüfen, ob ein Betreten gefahrlos möglich ist oder ob dort gerade eine andere Spielergruppe ihre Bälle schlägt. Erst wenn diese ihre Schläge beendet hat, lässt er seinen Mitspieler zu dessen Ball gehen. Gerade bei eng aneinander liegenden Bahnen kann es leicht passieren, dass Spieler bei der unbedarften Suche in gefährliche Nähe zu anderen Spielergruppen kommen. Vorfahrt hat die Gruppe, die regulär auf ihrem Fairway spielt, nicht der einzelne Querschläger. Es kann im Sinne einer allgemeinen Beschleunigung und zur Vermeidung von Staus hinter dem Querschläger aber durchaus sinnvoll sein, dass eben jener zuerst seinen Ball wieder auf die richtige Bahn zurückbringt. Eine solche Ausnahme gilt es im Vorfeld mit allen Betroffenen abzustimmen.

Nur vorwärts

Für den Golf-Gentleman geht es auf dem Platz in nur eine einzige Richtung: vorwärts. Zurück gelaufen wird nicht. Gerade Fahrer von Golf-Carts können bequem lange Strecken auf Fairways fahren, also weit nach vorne, dann wieder zurück. Wenn die nachfolgende Gruppe dann schon im Schlagen begriffen ist, begibt sich der zurück Laufende oder Fahrende unnötig in Gefahr. Wer den provisorischen Ball nicht spielt und seinen ursprünglichen Ball nicht findet, muss zurücklaufen. Die dann zum Warten gezwungenen, nachfolgenden Spieler sind davon in der Regel nur wenig begeistert.

Sich vor Wetter schützen

Der Golf-Gentleman ist kein Schönwetter-Spieler. Regen, Wind oder tiefe Temperaturen machen ihm nichts aus, sofern diese in Maßen kommen. Gemeinsam in der Spielergruppe einmal richtig durchnässt zu werden, wenn der Regen waagerecht kommt und der Sturm die Bälle vom Tee fegt, sind Erlebnisse, die er nicht jeden Tag braucht, aber die er auch nicht missen möchte. Wird der Sturm zu heftig, hört er auf zu spielen, um nicht von umherfliegenden Ästen oder abknickenden Bäumen verletzt zu werden. Auch bei Gewitter wird er sehr vorsichtig.

Sobald Blitz und Donner in der weiteren Umgebung des Golfplatzes aufkommen, bringt er sich schleunigst in Sicherheit. Dass Golfer von Blitzen getroffen werden, liest man immer wieder. Vom südafrikanischen Golf-Pro Retief Goosen heißt es, dass ihn in jungen Jahren dieses Schicksal ereilt hat. Wenn auch der Einschlag nicht zwangsläufig tödlich zu enden braucht, sollte jeder Golfer höchsten Respekt vor Gewittern haben. Laut Regeln darf der Golfer selbst entscheiden, wann er Blitzgefahr als gegeben ansieht. Der Golf-Gentleman wartet nicht, bis die ersten Blitze auf den Golfplatz niederfahren. Er unterbricht sein Spiel so rechtzeitig, dass er die nächste Schutzhütte oder das Clubhaus sicher erreichen kann. Vor der Runde informiert er sich über deren Standorte. In der Schutzhütte angelangt, lässt er alle metallenen Ausrüstungsgegenstände weit außerhalb stehen. Die geliebten Schläger müssen ungeschützt im Gewitter verharren. Ist eine Schutzhütte nicht erreichbar, begibt er sich in den Wald, hält sich aber von hohen oder einzelnen Bäumen sowie vom Waldrand fern. Gibt es weder Schutzhütten noch Wald, verteilt er seine Spielergruppe großzügig auf dem freien Fairway. Jeder Spieler hockt sich einzeln am Boden hin, wobei nur seine Füße den Boden berühren sollen. Ihre Ausrüstungen stellen die Spieler weit entfernt von sich auf.

3.9   GEMEINSAM ABSCHLAGEN

Zügig abschlagen

Um nicht schon zu Beginn der Runde Zeit zu verschenken, erscheint der Golf-Gentleman zehn Minuten vor seiner Startzeit auf dem ersten Abschlag. Auf fehlende Mitspieler wartet er maximal zwei Minuten. Dann wird abgeschlagen, und wer danach noch kommt, läuft das

Fairway der ersten Bahn ohne Schläge hinunter, um Anschluss an seine Spielergruppe zu bekommen.

Vor dem ersten Abschlag stellt der Golf-Gentleman sein Mobiltelefon auf lautlos oder auf Vibrationsalarm. Muss er aus wichtigem Grund erreichbar bleiben, vielleicht weil er Arzt in Bereitschaft ist, bittet er seine Mitspieler um Verständnis. Klingelt das Telefon auf der Runde, ist das ein schwerwiegender Verstoß gegen die Etikette. Die Regeln gewähren den dadurch gestörten Spielern keinen Wiederholungsschlag. Dem Eigner des Telefons wird deren nachhaltiger Zorn sicher sein. Kein Spieler sollte daher das Mobiltelefon aus nur trivialem Grund laut klingeln lassen.

Wenn er während der Runde auf einen Abschlag kommt, ist der Golf-Gentleman vorbereitet, seinen eigenen Drive unverzüglich zu machen. Schläger, Tee und Ball hat er in der Hand. Er weiß, wann er dran ist, und braucht nicht explizit darum gebeten zu werden. Schlägt er als erster ab, schreibt er das Ergebnis der letzten Bahn erst nach seinem Abschlag auf.

Im Sinne der allgemeinen Rücksichtnahme wird beim Abschlagen nicht gedrängelt. Ist die Spielergruppe vor ihm noch nicht weit genug entfernt, betritt der Golf-Gentleman weder den Abschlag noch gibt er durch Gesten zu verstehen, dass er endlich abschlagen möchte. Andernfalls könnte sich die vor ihm spielende Gruppe zu Recht unter Druck gesetzt oder gefährdet fühlen.

Sicher abschlagen

Gerade am ersten Abschlag gilt für Probe- und Übungsschwünge besondere Vorsicht. Hier halten sich oft zahlreiche Golfer auf, die auf ihren Abschlag warten. Wer sich nicht auf der Driving Range aufgewärmt hat, versucht dies am ersten Abschlag mit wiederholten Schwüngen nachzuholen. Keine gute Idee! Der Golf-Gentleman vermeidet jegliche Schwünge im Bereich des ersten Abschlags, sofern er nicht schon seinen Ball auf das Tee gesetzt hat und im Begriff ist abzuschlagen.

Geht der Abschlag nicht in die gewünschte Richtung, ruft der Golf-Gentleman laut „Fore". Gerade weite Abschläge können auf fremden Bahnen landen und die Spieler dort gefährden. Dann schreit er früh und laut.

Auf ihm unbekannten Plätzen prüft der Golf-Gentleman anhand der am Tee aufgestellten Informationstafeln, ob er sich auf dem richtigen Abschlag befindet. Kreuzen sich Wege oder liegen verschiedene Abschläge nahe beieinander, ist seine Spielergruppe schnell einmal falsch abgebogen. Das dann erforderliche Zurücklaufen gefährdet die Spieler und kostet Zeit.

Den Abschlag schonen

Im markierten Abschlagsbereich, auch *tee box* genannt, schlägt jeder Spieler ab. Abschlagsbereiche gehören daher zu den Stellen des Golfplatzes, die besonders beansprucht werden. Der Golf-Gentleman verhält sich so, dass Abschläge größtmögliche Schonung erfahren. Probeschwünge, also Schwünge zum Üben mit Bodenkontakt, macht er niemals auf dem Abschlag, sondern nur im Bereich daneben. Dort kann er, ohne ein Divot herauszuschlagen, den Kontakt zu langem Gras herstellen und darüber hinweg bürsten. Reine Luftschwünge, die er als solche geplant hat, macht er auch auf dem Abschlag.

Beim Abschlag herausgeschlagene Divots werden nicht wiedereingesetzt. Bei einigen Abschlägen stehen stattdessen Behälter mit einer Mischung aus Sand und Grassamen bereit. Ein Schäufelchen voll davon wird in der entstandenen Mulde entleert. Sein Tee nimmt der Golf-Gentleman wieder heraus. Ist es zerbrochen, wirft er alle Teile des Tees, selbst wenn es aus Holz ist, in die dafür bereitgestellten Gefäße. Weder stampft er sein Tee in den Boden noch wirft er es achtlos weg.

Jeglichen Abfall entsorgt der Golf-Gentleman in die häufig an Abschlägen aufgestellten Mülleimer. Ist Mülltrennung vorgesehen, folgt er dieser. Sind die Mülleimer offen, also ohne Deckel, und droht der Müll herauszuwehen, nimmt er seinen Abfall in der Golftasche mit zum Clubhaus, um ihn dort zu entsorgen. Ebenso verfährt er mit größeren Gegenständen, von denen er sich trennen möchte: Den zerborstenen Regenschirm, den entzwei gegangenen Schläger oder den zerbrochenen Trolley stopft er nicht in einen der Mülleimer, sondern nimmt derlei Sperrmüll mit zurück zum Clubhaus. Notfalls lässt er diese Dinge unterwegs kontrolliert liegen, um sie nach der Runde einzusammeln.

Spielreihenfolge

Früher wurde um die Ehre des ersten Abschlags laut Golfregeln gelost, sofern sich diese nicht aus der Startaufstellung ergab. Definitiv nicht korrekt war, dass der Spieler mit dem niedrigsten Handicap auf eigene Ansage dieses Recht für sich in Anspruch nahm. Auf allen weiteren Abschlägen ergab sich die Ehre dann aus dem Ergebnis der zuletzt gespielten Bahn. Herrschte Gleichstand, wurde die Ehre der davor gespielten Bahn herangezogen („Rest-Ehre").

Heute spielen wir sogenanntes *ready golf*. Im Interesse eines zügigen Spiels schlägt jetzt derjenige zuerst ab, der bereitsteht. Ein Warten auf den Spieler, der zwar klassisch die Ehre hat, aber noch an seiner Golftasche nestelt oder den Blick schweifen lässt, soll es nicht mehr geben. Der Golf-Gentleman hat diese Neuerung gerne angenommen. Wollen seine Mitspieler jedoch am Prinzip der Ehre festhalten, lässt er sich gerne darauf ein mit der Bitte, dass der Spieler mit der Ehre keine Verzögerungen am Abschlag verursacht.

Der Golf-Gentleman ist seit jeher nicht unglücklich, wenn er nicht als erster an einer Bahn abschlägt. Gerade im Lochspiel ist es von Vorteil abzuwarten, wie der Abschlag des Gegners verläuft. Hat jener beispielsweise in das Rough gespielt, bedarf es keines riskanten Abschlags, um das Loch zu gewinnen. Er würde jedoch nicht absichtlich an einem Abschlag trödeln, um andere zuerst abschlagen zu lassen.

Abschläge der Mitspieler

Beim Abschlag der Mitspieler ist der Golf-Gentleman absolut ruhig. Er bewegt sich nicht und verursacht keine Geräusche. Weder hantiert er mit seinen Schlägern herum, noch zieht er seinen Handschuh an oder aus, noch betätigt er Reißverschlüsse an seiner Golftasche. Er spricht im Abschlag begriffene Spieler nicht an, sofern es nicht um lebensbedrohliche Dinge geht. „Achtung, Schlange am Bein!" wäre erlaubt, „Haben Sie den Bunker da hinten gesehen?" jedoch nicht. Wird der abschlagende Spieler durch etwas gestört – und sei es durch etwas Unkontrollierbares wie Niesen –, gibt es keine Wiederholung des Schlags. Von Spielzufall sprechen dann die Regeln. Dem Verursacher bleibt nichts anderes übrig, als zu hoffen, dass seine Bitte um Entschuldigung angenommen wird. Er muss sich den Vorwurf gefallen lassen, einen einfach vermeidbaren Verstoß gegen die Etikette begangen zu haben.

Der Golf-Gentleman platziert sich beim Abschlag seiner Mitspieler so, dass er weit außerhalb des Schlagbereichs steht. Sein Schatten fällt nicht auf den Spieler, dessen Ball oder Schwungebene. Er hält sich nicht im Sichtfeld des Spielers auf. Dabei ist er voll konzentriert, denn kein Ball der Gruppe darf verloren gehen. Den geschlagenen Ball behält er bis zur Landung fest im Blick. Landet dieser neben dem Fairway,

merkt er sich markante Pflanzen oder andere Peilhilfen, die den Bereich angeben, in dem der Ball liegen könnte, und die das anschließen-
de Suchen erleichtern. Wird ein provisorischer Ball gespielt, gibt dieser
gute Hinweise auf die Länge des ersten Balls. Den Abschlag lobt der
Golf-Gentleman erst, wenn dieser zum Liegen gekommen ist, wirklich
gut liegt und auch der Schlagende einen zufriedenen Eindruck macht.

Der Golf-Gentleman bleibt am Abschlag stehen, bis alle Mitspieler abgeschlagen und ihre Schläger wieder verstaut haben. Statt alleine zu
seinem Ball zu rennen, geht er mit ihnen gemeinsam bis auf Höhe des
kürzesten Balls vor. Ist eine Dame in seiner Spielergruppe, darf sie
schon vorlaufen zu ihrem Abschlag. In ihrem eigenen Interesse sollte
sie mit ihrem Abschlag auf die nachfolgenden Herren warten, die sie
sonst beim Abschlag stören und ihren Ball nicht verfolgen können.

Nachdem alle Spieler am ersten Abschlag abgeschlagen haben, wünschen sie sich gegenseitig und den dort wartenden Spielergruppen ein
„Schönes Spiel".

Der eigene Abschlag

Um keine Zeit beim Aufsetzen des Balls zu verlieren, drückt der Golf-
Gentleman den Ball mitsamt Tee senkrecht von oben in den Boden. Er
sagt seinen Mitspielern laut an, welchen Ball er spielt („Titleist 3 mit
gelbem Logo und blauem Strich"). Könnte sein Ball vom Abschlag im
Rough oder im Aus verloren sein, spielt er einen provisorischen Ball. Er
vermeidet dadurch, dass er nach erfolgloser Suche wieder zum Abschlag zurücklaufen muss. Ein provisorischer Ball ist keine Schande.
Vielmehr gibt er Hinweise über die Länge des ersten Abschlags und
damit zum Fundort. Den provisorischen Ball spielt der Golf-Gentleman
erst, wenn alle Mitspieler abgeschlagen haben. Sein Tee lässt er wäh-
renddessen nicht stecken. Auf dem Abschlag befinden sich also immer

nur maximal ein Tee und ein Ball. Produziert er mal einen Luftschlag, so gibt er das ehrlich zu und verkauft seinen Mitspielern diesen nicht als Probeschwung. Im Gelände verfährt er übrigens ebenso.

Wenn der Abschlag nicht so gut gelungen ist, wie erwartet, bleibt der Golf-Gentleman trotzdem gelassen. Viele von uns haben sicherlich schon erlebt, dass selbst nach einem verhunzten Abschlag noch ein passables Ergebnis gespielt werden kann. Nehmen wir eine PAR-4-Bahn mit 340 m Länge: Abschlag getoppt, hoppelt für 100 m, dann Hybrid genommen, Ball fliegt 150 m, mit Eisen 7 über 100 m auf das Grün an die Fahne, den Putt versenkt. Wer bei Turnieren der Pros zuschaut, sieht auch bei ihnen verzogene Abschläge. Warum soll uns Freizeitgolfern das nicht auch passieren? Weder flucht der Golf-Gentleman dann laut herum noch schmeißt er seinen Schläger durch die Luft. Die Verantwortung für einen vergeigten Schlag übernimmt er selbst. Es waren nicht die Mitspieler, nicht das Vogelgezwitscher und nicht die Fahrgeräusche der nahe gelegenen Straße, sondern er. Besondere Vorsicht lässt er walten bei besonders guten Abschlägen. In der Gewissheit, dass nach dem phänomenalen Abschlag auch der zweite Schlag sehr gut gelingen wird, geht die Konzentration leicht einmal verloren, und der nächste Schlag in die Binsen.

Hole in One

Es kann jeden treffen: das Ass, oder auch *Hole in One*, also das direkte Einlochen vom Abschlag. Manch einer fürchtet diesen Schlag, denn er kann teuer werden: Traditionell stößt der Ass-Schütze mit allen Spielern auf dem Platz mit Champagner an – auf seine Kosten. Der Golf-Gentleman feiert Feste, wie sie fallen. Wenn ihm ein Ass gelingt, lässt er sich gerne an diesem Tag, seinem Tag, feiern. Das Verewigen seines

Namens auf der Liste der Spieler, die auf dem Platz ein Ass geschlagen haben, wiegt für ihn die Bewirtungskosten voll auf.

3.10 IM GESPRÄCH BLEIBEN

Über was geredet wird

Das Golfspiel erfordert ein gewisses Maß an Konzentration. Daher ist die Golfrunde nicht geeignet, um komplizierte Themen zu erörtern. Belangloses passt da besser. Der Golf-Gentleman, ein Meister des Small Talks, unterhält sich mit seinen Mitspielern über andere Golfplätze, das Wetter, Profigolf, Fußball, Autos und ähnlich harmlose Themen. Zum besseren Kennenlernen seiner Mitspieler fragt er nach deren Leben außerhalb des Golfplatzes, überschreitet dabei aber nicht die Grenzen des guten Geschmacks. Örtliche Herkunft, ausgeübter Beruf oder deren Golferfahrungen sind gut geeignet, den Mitspielern sein Interesse an ihnen zu verdeutlichen. Gleiches gibt er auch über sich selbst preis. Je nach Verlauf des Gesprächs können diese belanglosen Themen auf der weiteren Runde etwas vertieft werden. Fragen nach Gehalt, sexuellen Vorlieben, politischen Einstellungen oder Meinungen zu kontrovers diskutierten Ereignissen der Zeit lässt er selbstverständlich aus. Nach der Runde im Clubhaus ist Zeit für tiefer gehende Gespräche, wenn das Spiel beendet ist und die Spieler ihre Konzentration voll der Konversation widmen können.

Spielt der Golf-Gentleman auf seinem Heimatplatz mit Gästen, die den Platz nicht gut kennen, informiert er sie über Sehenswürdigkeiten im Umfeld des Platzes, besonders schön angelegte Bahnen, beeindruckende Gewächse, Entfernungen, Tiere neben der Bahn, die Lage von

Hindernissen oder typische Windverhältnisse. Nicht ganz regelkonform (Belehrung!) deutet er manchmal an, wie Clubmitglieder einzelne Bahnen üblicherweise spielen. Schließlich weist er auf Platzregeln hin, die an der gerade zu spielenden Bahn relevant werden könnten.

Als typischer Mann kann sich der Golf-Gentleman über 18 Löcher hervorragend mit anderen (männlichen) Golfern unterhalten, ohne wirklich Information auszutauschen. Heitere Kommentierungen von Schlägen oder Ergebnissen sowie kleine Frotzeleien sorgen für eine heitere Golfrunde. Hier gilt es jedoch, die Grenze zur Grobheit nicht zu überschreiten. Gerade wenn sich die Mitspieler erst neu kennengelernt haben, sollten derlei Kommentare anfänglich vorsichtig angebracht werden. Der Vorteil dieser belanglosen Kommunikation ist, dass sich die Spieler entspannen und ganz der Golfrunde hingeben können.

Über was nicht gesprochen werden sollte

Manche Themen spricht der Golf-Gentleman niemals an. Wie außerhalb des Golfplatzes auch spricht er nicht schlecht über Dritte, die gerade nicht anwesend sind. Auch nicht über Geld, weder über eigenes noch das anderer Leute. Wie schon im vorhergehenden Abschnitt gesagt, geht er beim Befragen seiner Mitspieler nicht über die öffentlich akzeptierten Grenzen des guten Geschmacks hinweg.

Dem Golf-Gentleman ist sehr daran gelegen, die Golfgemeinde nicht durch eine eigene Sprache von Nicht-Golfern abzugrenzen. Jegliches sprachliche Mittel, das dazu geeignet wäre, lehnt er ab. So drischt er nicht die typischen Golfphrasen. Landet der Ball seines Mitspielers im Bunker, wünscht er nicht: „Viel Spaß am Strand!" Geht der provisorische Abschlag lang und gerade auf das Fairway, während der erste Abschlag schräg in das Rough abgebogen ist, merkt er nicht an: „Mit dem Zweiten kann es jeder!" Der erfahrene Leser wird mehr Sprüche dieser

Art kennen. Ebenso erzählt er keine Golfwitze, die selten lustig sind und oft nur eine sehr einfache, ferkelige Pointe haben.

Manch ein Golfer kommentiert laufend sein Spiel, genauer: sein schlechtes Spiel. Schon vor der Runde hört man von ihm pauschale Entschuldigungen, warum es auf der jetzt beginnenden Runde nicht gut laufen wird: zu viel getrunken, zu wenig geschlafen, seit einigen Wochen eine generelle Schwung-Amnesie, ein Zwicken in der Schulter und so weiter. Nicht vom Golf-Gentleman: Er beleidigt seine Mitspieler nicht auf diese Weise, denn schließlich hätte der lamentierende Spieler sich besser vorbereiten können oder alternativ gar nicht erst zu kommen brauchen. Überhaupt ist derlei Klagen für den Golf-Gentleman völlig unnötig, da ihm ja bekanntlich die Scores der Mitspieler egal sind und er sich, was seinen eigenen Score angeht, im Griff hat. Den fortwährend winselnden Mitspieler, der sich auch herrlich in sein Unglück hineinsteigern kann, nimmt er gerne zur Seite, um ihm den Spaß an der Runde wiederzugeben. Aber auch hier sind ihm Grenzen gesetzt, was er zu leisten vermag. Viel angebrachter wäre es aus Sicht des Golf-Gentlemans, wenn ein Spieler vor oder während der Runde anmerkt, dass er in Sachen des angenehmen Miteinanders einen schlechten Tag hat und sich besser von der Spielergruppe fernhält.

Zum Loben hat der Golf-Gentleman ein besonderes Verhältnis. Ausserhalb des Golfplatzes gefällt er seinen Mitmenschen wegen der Anerkennung, die er deren Leistungen zollt. Auch beim Golf hat er den Antrieb, gute Schläge der Mitspieler mit einem Lob zu belegen. Hier ist jedoch die Sicht des Spielers entscheidend: Jener alleine ist Maßstab, was für ihn als gut oder eben nicht gut angesehen wird. Den Anfänger mag ein langer, gerader Abschlag begeistern. Landet dieser im Rough oder im Bunker, ist der gute Spieler alles andere als zufrieden. Ein Lob an dieser Stelle bewirkt dann das Gegenteil der gewünschten Wirkung. Gerade wenn das Lob ausgesprochen wurde, bevor der Ball zum Liegen kam. Der Golf-Gentleman verhält sich daher sehr zurückhaltend beim Loben. Erst wenn er die Spielstärke eines Mitspielers einschätzen kann und dadurch erkennt, wann es für den Mitspieler ein wirklich guter Schlag war, spricht er ein Lob aus. Wird er von einem Mitspieler für einen Schlag gelobt, mit dem er selbst nicht zufrieden ist, spricht er das gleich beim ersten Vorfall dieser Art an. Ja, er freut sich über die Anerkennung seiner Mitspieler, nur möchte er sie bitten, zur Vermeidung von Missverständnissen ein Lob erst dann auszusprechen, wenn er deutlich anzeigt, dass er mit seinem Schlag zufrieden ist.

Kein Coaching für Mitspieler

Der typische Mann gibt gerne Hilfestellung für andere Spieler, um deren Golffertigkeiten noch weiter zu verbessern. Kopf- und Griffhaltung, Schwung-Ebenen, Ausrichtung und Ausrüstung sind Themen, die er bestens beherrscht. Seine Kenntnisse setzt er oft ungefragt ein, um anderen zu helfen. Nicht so der Golf-Gentleman. Er weiß, dass kaum ein Golfer, ob männlich oder weiblich, auf derlei Hinweise gewartet hat. „Gut gemeint" ist auch hier das Gegenteil von „gut gemacht", wie Kurt Tucholsky uns wissen ließ. Ebenso fehlt es fast jedem Freizeitgolfer am erforderlichen Fachwissen, um wirklich passende Hinweise zu geben. Dieses Wissen hat der Golf-Pro, und genau ihm überlässt der Golf-Gentleman jegliche Lehrstunde für seine Mitspieler. Jener erkennt, was bei einem Spieler wirklich im Argen liegt, und wählt die helfende Maßnahme. Selbst gute Freizeitspieler, vor allem solche, die sich dafür halten, haben nicht notwendigerweise die Kenntnisse, um die Geheimnisse ihres guten Spiels für jedermann nutzbar zu machen.

Auch wenn sie es zur Wahrung des (Familien-) Friedens nicht offen aussprechen, nervt es gerade die Damen ungemein, wenn Mann (gerne der eigene) ihnen vermeintlich wertvolle Tipps gibt, möglichst lautstark über die gesamte Fairway-Breite oder Driving Range. Nicht selten verfügt die Golferin über die deutlich bessere Schlagtechnik, nur mangelt es ihr an Länge gegenüber dem wild schwingenden Mann. Gerade dann wirkt es umso merkwürdiger, wenn der Golfgrobian in ihr eine gelehrige Elevin sucht.

Dialog statt Monolog

Auch außerhalb des Golfplatzes gibt es (zu) viele Zeitgenossen, die ihre Mitmenschen unaufgefordert über ihre Gedanken, Erlebnisse und Ansichten informieren. Der vollgedröhnte Zuhörer wird solch ein „Gespräch" selten als erfolgreich bewerten. Wie wohltuend sind jene Mitspieler auf dem Golfplatz, die auf nicht gestellte Fragen auch keine Antworten geben. Der Golf-Gentleman gehört zu dieser angenehmen Klientel. Ihm ist bewusst, dass nur wenige von uns wirklich begnadete Erzähler sind, denen man gerne zuhört und die auch wirklich etwas Interessantes zu berichten haben. Die überwiegende Mehrheit der Menschen – und damit auch der Golfer – ist es nicht. Er selbst hält sich daher zurück bei der Weitergabe seiner eigenen Golferlebnisse, Meinungen und sonstigen Geschichten. Insgeheim wünscht er sich, dass sich seine Spielpartner nach einigen Löchern selbst fragen, wie viel sie über die anderen Mitspieler erfahren haben. Wenn das nur dürftig wenig ist, könnte es daran liegen, dass sie selbst zu viel geredet haben – und sich fortan dabei hoffentlich etwas bremsen.

Nähe und Ferne

Der Golf-Gentleman ist zwar an der Gesellschaft seiner Mitspieler interessiert. Dennoch drängt er sich ihnen nicht auf. Gerade wenn er sich einer Spielergruppe anschließt, die sich schon kennt und zusammenspielen wollte, gibt er den anderen die Chance, sich auch ohne ihn zu unterhalten. Vielleicht haben sie ihre eigenen Themen mit auf die Runde gebracht, die sie unter sich besprechen wollen. Daher wechselt er seine Distanz zu den Mitspielern: Mal kommt er ihnen näher zur Unterhaltung, mal zieht er sich zurück und lässt seinen Mitspielern untereinander Zeit. Manch ein Mitspieler möchte gerne einmal alleine gelassen werden und braucht keinen ständigen Schatten. Gerade wenn ein Spieler wegen seiner Schläge emotional etwas angefasst ist, vergewissert sich der Golf-Gentleman, ob jetzt Nähe durch Zusprache und Beschwichtigung die bessere Option sind oder lieber Ferne, der Spieler also in seinem Ärger alleine gelassen werden möchte.

3.11 UNTERWEGS ZWISCHEN ABSCHLAG UND GRÜN

Auf andere Spieler Rücksicht nehmen

Wie schon auf dem Abschlag und später auf dem Grün gilt auch dazwischen: Auf andere Spieler ist stets Rücksicht zu nehmen. Der Golf-Gentleman vermeidet alles, was seine Mitspieler stören oder ablenken könnte. Er steht nicht nahe bei ihnen, wenn sie sich auf ihren Schlag vorbereiten. So wird er nicht vom Schläger getroffen, und der Mitspieler wird nicht gestört durch jemanden, der sich innerhalb der von ihm beanspruchten Privatzone aufhält. Nirgendwo auf dem Platz erhebt er seine Stimme, da andere Spieler in der Nähe sein könnten, die durch das laute Rufen abgelenkt würden. Gerade auf engen Plätzen läuft man oft Gefahr, durch unüberlegt lautes Reden anderen Spielern zur Last zu fallen, die sich gerade auf ihre Schläge vorbereiten. Gespräche auf dem Golfplatz führt der Golf-Gentleman daher immer gedämpft.

Herrlich stören lassen sich Mitspieler durch laut klingelnde Mobiltelefone. Übrigens ein schwerer Etikette-Verstoß, der zur Disqualifikation des Telefoneigners führen sollte, wenn ein Mitspieler dadurch bei der Schlagvorbereitung oder -durchführung gestört wird. Der Golf-Gentleman stellt seines vor dem ersten Abschlag auf lautlos oder Vibrationsalarm. Nur wer wirklich einen wichtigen Grund hat, sollte seine Mitspieler um Erlaubnis bitten, während der Golfrunde telefonisch erreichbar zu bleiben. Ein Arzt in Bereitschaft wäre so einer, aber nicht jener, der das belanglose Gespräch mit Bekannten führen will oder auf die Rückmeldung eines Handwerkers wartet. In jedem Fall darf ein Telefonat die Runde nicht verzögern. Wer telefoniert, nimmt seinen Ball auf, steigt für die Gesprächsdauer aus dem Spiel aus, läuft mit und fängt beim nächsten Abschlag nach Beendigung des Telefonats wieder an.

Die eigenen Emotionen im Griff haben

Üblicherweise sind Golfer recht emotionslos und mit einer gewissen Abwesenheit oder Gleichgültigkeit auf dem Platz unterwegs. Der Freizeitspieler mag sich das bei den Tour-Pros abgeschaut haben, die sich zum Ausblenden aller störenden, äußerlichen Einflüsse einen Schutzpanzer zugelegt haben. Entsprechende „Eismänner" beherrschen auf der Tour das Bild. Der Golf-Gentleman zeigt durchaus Reaktionen bei gelungenen Schlägen. Zwar still und leise, aber deutlich sichtbar, wie beispielsweise eine angedeutete „Becker-Faust", aber definitiv kein lauter Ruf. Gleichzeitig weiß er um die Vergänglichkeit einer guten Form und wird daher nicht überheblich, sondern freut sich immer mit einer gewissen Demut über jeden gelungenen Schlag.

Hörbares Fluchen gehört nicht auf den Golfplatz. Läuft es mal nicht auf der Runde, geht der Golf-Gentleman nicht wiederholt mit sich ins Gericht oder hadert mit seinem Spiel. Eine kurze Unmutsäußerung, und schon richtet er den Blick nach vorne. Seine Mitspieler durch fortge-setztes Lamentieren herunterzuziehen und somit ebenfalls zu einem schlechten Spiel zu verhelfen, ist eine Unart, der er nicht verfallen ist. Niemals würde er seinen Schläger wegschleudern oder Unflätiges laut herausbrüllen. Das sind genau jene Handlungen, an die sich Mitspieler lange erinnern und für die sich der Golf-Gentleman noch dann zutiefst schämen würde, wenn er schon gar nicht mehr weiß, wie es damals zu derlei Reaktionen kommen konnte. Für jeden seiner Schläge über-nimmt er die volle Verantwortung, gerade für die missglückten. Es wa-ren nicht der Wind, das Wetter, der Lärm der angrenzenden Straße, einer der Mitspieler oder sonstige Störer, die er verantwortlich ma-chen würde. Im Leben außerhalb des Golfplatzes zeigt er ja auch nicht ständig auf andere und weist jegliche Verantwortung von sich, wenn mal etwas nicht gelingt.

Auf dem Fairway

Der Golf-Gentleman fühlt sich verantwortlich für die Pflege der Fair-ways. Während Greenkeeper sicherlich „große" Themen wie Mähen und Sprengen übernehmen, sind es die kleinen Dinge, die jeder Spieler selbst richten kann, so dass die Fairways in gutem Zustand bleiben. Bei Probeschwüngen schlägt er keine Grasnarbe heraus, sondern gleitet lediglich über die Oberfläche. Herausgeschlagene Divots oder Grasbü-schel sammelt er vollständig auf, setzt diese sorgfältig wieder ein und tritt sie fest. Auch wenn sie nicht wieder anwachsen, wird auf diese Weise das entstandene Loch in der Rasenfläche vor dem Austrocknen bewahrt. Nachfolgende Spieler laufen nicht Gefahr, aus einem Loch herausspielen zu müssen. Auch fremde Divots sammelt er immer mal wieder auf und deckt damit blanke Rasenstellen ab. Misslingt ein Schlag, kommt er nicht auf die Idee, als Reaktion den Schläger auf den Boden zu hauen. Nicht nur kann der Schlägerkopf dabei abbrechen, auch wäre das Fairway an dieser Stelle deutlich beschädigt. Gerade in den Wintermonaten, aber auch im Spätherbst sind die Fairways oft sehr feucht. Statt bei jedem Schlag große Graspartien heraus zu wischen, setzt er seinen Ball auf dem Fairway auf ein kurzes Tee und schont den Rasen für ungetrübte Runden im Sommer.

Vor dem Schlag nach einem Ball vergewissert sich der Golf-Gentleman, dass es sich tatsächlich um seinen eigenen Ball handelt. Ebenso würde er seine Mitspieler um das Identifizieren ihrer Bälle bitten, wenn sie im Begriff sind, den seinen zu schlagen. Gerade wenn der eigene Ball nicht auffindbar scheint, ist die Versuchung groß, einen falschen Ball zu spielen. Ist der falsche Ball erst einmal geschlagen, muss unnötig nach vorne gelaufen werden, um den Ball zu identifizieren, und danach wieder zurück. Der Ärger mit den betroffenen Mitspielern ist sicher.

Konzentriert verfolgt der Golf-Gentleman jeden Schlag seiner Mitspieler, damit er, wenn gesucht werden muss, behilflich sein kann. Gerade tiefstehende Sonne erschwert dem schlagenden Spieler, den Flug des eigenen Balls zu verfolgen. Er ist dann dankbar, wenn seine Mitspieler diese Aufgabe für ihn übernehmen und das Suchgebiet für ihn eingrenzen. Natürlich achtet der Golf-Gentleman darauf, nicht auf die Bälle anderer Spieler zu treten oder mit seinem Trolley darüber zu fahren.

Führt der Golf-Gentleman ein Gerät zur verlässlichen Entfernungsmessung mit sich, stellt er es allen Mitspielern zur Verfügung. Er läuft dann mit dem Gerät zum interessierten Spieler und liest die Entfernung von dessen Ball zum Loch vor. Mitführen tut er so ein Gerät natürlich nur, wenn die Platzregeln dieses nicht verbieten.

Im Rough

Hier landet jeder Spieler mal, auch der Golf-Gentleman. Selbst wenn er mit Golf-Cart oder Trolley unterwegs ist, den Weg durch das Rough legt er ausschließlich zu Fuß zurück. Ist der Ball gefunden, hebt er diesen nicht einfach für sich zum Identifizieren auf, sondern lässt sich dabei von einem seiner Mitspieler beobachten, im Turnier von seinem Zähler. Er gehört nicht zu den Flegeln, die den Ball beim Zurücklegen etwas besser platzieren, also weniger tief im langen Gras oder schön aufgesetzt auf passenden Gewächsen. Nimmt er den Ball auf, legt er ihn wieder so hin, wie er vorher lag, also ohne jegliche Verbesserung. Dementsprechend exerziert er auch keine unnötigen Probeschwünge in der Nähe des Balls, mit denen er sich schuldig machen könnte, den „Raum des beabsichtigten Schwungs" regelwidrig zu verbessern.

Kann der Golf-Gentleman auf einer privaten Runde seine Abschläge (den ersten und den oder die provisorischen) nicht finden, er aber dennoch die interessante Bahn gerne zu Ende spielen möchte, fragt er seine Mitspieler, ob er nicht-regelkonform einen Ball an geeigneter Stelle neu einbringen darf. Einen solchen Vorschlag macht er jedoch nur, wenn nachfolgende Spieler nicht schon auf ihre nächsten Schläge warten und dadurch aufgehalten würden.

Biotope

Positiv zu vermerken ist, dass Golfplätze in den letzten Jahren immer mehr ihrer gesellschaftlichen Pflicht zur Bewahrung der heimischen Fauna und Flora nachkommen. Ein wichtiges Element ist dabei die Einrichtung von Biotopen, deren Betreten überall strengstens verboten sein sollte. Der Golf-Gentleman befolgt dieses Verbot gerne und kennt diesbezüglich auch bei anderen Spielern kein Pardon. Geht ein Ball des Golf-Gentlemans in einem Biotop verloren, versucht er gar nicht erst, vom Rand des Biotops danach zu angeln, um jegliche Missverständnisse zu vermeiden. Wird ein Spieler im Biotop erwischt, bleibt der Clubleitung keine andere Wahl, als den Spieler mit einer temporären Platzsperre zu belegen. Selbst Ausweisungen aus Golfclubs sollen für so ein Vergehen schon ausgesprochen worden sein. Wie ernst sollte die Bevölkerung einen Golfplatzbetreiber nehmen, der zwar Biotope ausweist, diese dann aber wie normales Gelände behandelt? Dem Ansehen des Golfsports wäre ein Bärendienst erwiesen!

Im Bunker

Sein Course Management ist zwar darauf ausgerichtet, Gefahrenherde wie Bunker weit zu umspielen. Manchmal passiert es aber doch, dass der Golf-Gentleman aus einem solchen herausspielen muss. Jeden Bunker betritt er generell nur von der flachen Seite, auch wenn er dadurch einen längeren Weg im Bunker zu seinem Ball zurücklegen muss. Er vermeidet dadurch, Sand in Bunkerschrägen unnötig wegzutreten und auf Dauer den Charakter des Bunkers zu verändern.

Die von ihm verursachten Spuren im Bunker harkt er nach dem Schlag sorgfältig weg. Dafür zieht er beim Verlassen des Bunkers die Harke nicht einfach nur hinter sich her, sondern er verteilt den Sand gleichmäßig. Das geht mit zwei Händen besser als mit einer. Deswegen nimmt er die Harke nicht mit in den Bunker hinein, sondern legt sie an der Stelle ab, an der er den Bunker betritt. Nach dem Schlag lässt er den von ihm benutzten Schläger an Stelle der Harke liegen, greift sich die Harke und legt los. Die Vorgaben der Etikette im Regelbuch machen ihn verantwortlich für das Ausbessern aller übrigen Spuren im Bunker in seiner näheren Umgebung. Da er eh die Harke in der Hand hat, kann er dieser Aufforderung leicht nachkommen. Allerdings harkt er nicht den gesamten Bunker. Sofern es keine besondere Vorrichtung zur Ablage der Harke gibt, legt der Golf-Gentleman diese in Spielrichtung am Rand des Bunkers ab. Je nach Platzregel innerhalb oder außerhalb des Bunkers. Wenn außerhalb, dann direkt am Bunkerrand und nicht in der weiteren Peripherie des Bunkers.

Sich erleichtern

Aufgrund seiner körperlichen Gegebenheiten ist der Mann in der Lage, sich quasi überall auf dem Golfplatz seines Harndrangs zu entledigen. Kurz an den Baum gestellt, laufen lassen, Hose zu und weiter geht es. Nicht so der Golf-Gentleman. Für ihn ist der Golfplatz kein großes Urinal. Er war in seiner Jugend hin und wieder auf musikalischen Großveranstaltungen (manche sagen: Festivals), bei denen hunderte Gleichgesinnte über Tage hinweg in jede erdenkliche Ecke gepinkelt haben. Von dem damit einhergehenden Geruch möchte er auf dem Golfplatz nicht belästigt werden. Es finden sich zudem genügend Spieler auf dem Golfplatz, vor allem Damen, die sich am pinkelnden Mann in freier Natur erheblich stören. Sich unnötig mit diesen anzulegen oder in deren Augen als Prolet zu gelten, ist nicht im Interesse des Golf-Gentlemans.

Rauchen und trinken

Golfplätze sind einer der wenigen Orte, an denen gepflegt in Gesellschaft geraucht werden darf. Nicht im Clubhaus, aber draußen zwischen Abschlag und Grün lassen sich Zigarre, Pfeife oder die Zigarette genießen. Golf-Pros machen es uns sogar auf der Tour vor. Der Golf-Gentleman hat gegen rauchende Mitspieler nichts einzuwenden. Er erwartet von ihnen, dass sie sich mit der gesamten Spielergruppe über die Voraussetzungen abstimmen, unter denen sie rauchen dürfen.

Auch erwartet er, dass der Raucher einen separaten Aschenbecher mitführt, in dem er Asche und Zigarettenstummel sammelt.

Auf der Runde etwas zu trinken, ist die Pflicht jedes Spielers. Selbst an weniger warmen Tagen verliert ein Golfer permanent Flüssigkeit. Um diesen Verlust auszugleichen, darf er direkt aus der Flasche trinken; ein Glas braucht er nicht mitzuführen. Der Golf-Gentleman lehnt jeglichen Alkohol auf der Runde vehement ab. Mit einem beschwipsten Zustand verträgt sich die komplizierte Bewegung des Golfschwungs nicht. Ebenso sinkt mit steigendem Alkoholpegel bei manchem die Hemmschwelle, bei wiederholt verunglückten Schlägen doch einmal kräftig auszurasten. An spaßigen Turnieren, bei denen die eigene Schlagzahl durch Einnehmen von Hochprozentigem verringert werden kann, nimmt der Golf-Gentleman gar nicht erst teil. Erst nach Abschluss der Runde genießt er im Clubhaus auch mal ein alkoholisches Getränk.

3.12   ZÜGIG SPIELEN

Passendes Spieltempo

Auf dem Platz ist der Golf-Gentleman zügig unterwegs. Er rennt dann zwar nicht wie auf der Flucht, sondern geht mit strammem Schritt und damit schneller als beim gemütlichen Spaziergang. Beim Spiel selbst lässt er sich dennoch nicht hetzen. Auf seine Schläge bereitet er sich vor, beim Putting liest er die Spiellinie. Bei all dem trödelt er jedoch nicht unnötig. Natürlich nimmt er Rücksicht auf den langsamsten Spieler seiner Gruppe. Aber auch von jenem erwartet er, dass er zügig spielt im Rahmen seiner Möglichkeiten. Selbst lässt er sich von Golf-Cart-Fahrern in seiner Spielergruppe nicht unter Druck setzen.

Seinen Ball nimmt er auf, wenn er eine Bahn nicht mehr gut spielen kann oder er durch einige missglückte Schläge seine Gruppe schon genug aufgehalten hat. Lieber konzentriert er sich dann auf die vor ihm liegenden Bahnen. Er übt nicht auf dem Platz, indem er mit mehreren Bällen gleichzeitig spielt oder wiederholt seine Putts auf einem Grün zu versenken versucht. Derlei Training ist generell nur dann tolerabel, wenn die eigene Spielergruppe nichts dagegen einzuwenden hat und die nachfolgenden Spieler in keiner Weise aufgehalten würden.

Warum zügig spielen

Der Golf-Gentleman spielt zügig im eigenen Interesse und dem seiner Mitspieler. Langsames Spiel ist für fast alle Golfer ein großes Ärgernis, auch wenn die Ansichten, ab wann Golf langsam ist, unterschiedlich ausgeprägt sind. Daher will er nicht selbst zur Verlangsamung beitragen. Kein Spieler hat nach seiner Ansicht das Recht, durch eigene Gemütlichkeit andere Spieler aufzuhalten. Wer gerne etwas gemächlicher unterwegs sein möchte oder Pausen zwischen den Bahnen liebt, sollte aufmerksam die Gruppen hinter sich beobachten und diese frühzeitig zum Durchspielen einladen. Die Orientierung jeder Spielergruppe ist die Spielergruppe vor einem. Wer zu ihr den Anschluss verliert, ist zu langsam unterwegs. Wenn einem dann noch die nachfolgende Spielergruppe ständig im Nacken steht, ist das ein mehr als deutliches Zeichen, dass die eigene Gruppe nicht schnell genug unterwegs ist. Nur wenn der Golf-Gentleman als erste Gruppe hinter einem Turnier herspielt, hält er streng mindestens eine ganze Bahn Abstand nach vorne.

Was aufhält – und was dagegen hilft

Wie zügig eine Spielergruppe unterwegs ist, hängt nur in zweiter Linie von der Anzahl benötigter Schläge ab. Entscheidend ist die Zeit, die ein Spieler zwischen zwei Schlägen verliert. Es sind also nicht zwangsläufig Anfänger, die am langsamsten spielen. Das gilt auf Abschlag, Fairway und Grün. Der Golf-Gentleman minimiert diese Zeit: Er geht zügig zu seinem geschlagenen Ball und ist auf den Schlag vorbereitet, wenn er an der Reihe ist. Dass alle Spieler einer Spielergruppe herumstehen, weil jeder auf den Schlag eines anderen wartet, gibt es bei ihm nicht. Er achtet selbst darauf, wann er dran ist, und bereitet sich auf den Schlag vor, bevor der Spieler, der vor ihm an der Reihe ist, seinen Schlag beendet hat. So stellt er sicher, dass er schon kurz nach dem Schlag seines Vorgängers selbst seinen Ball schlägt. Wichtiger Baustein dafür ist seine ihm eigene *Pre-Shot*-Routine, die er jedes Mal durchläuft, wenn er einen Schlag auf dem Golfplatz ausführt.

Je jünger (Babys) oder je älter (Senioren) ein Mensch ist, desto mehr braucht er nach landläufiger Meinung Rituale, um erfolgreich seinen Tag zu gestalten. Beim Golfer ist es nicht anders. Je gleichartiger die Schlagvorbereitung, desto zügiger und besser gelingt die Schlagdurchführung in konstanter Qualität. Dieses Ritual heißt im Golf *Pre-Shot*-Routine. Auch Tour-Professionals durchlaufen einen solchen fest definierten Ablauf vor jedem Schlag. Jeder Golfschlag wird mit den gleichen Aktivitäten begonnen und abgeschlossen. Durch diese konstante Abfolge stellt sich der Golfer körperlich und mental voll darauf ein, dass jetzt ein Schlag zu machen ist. Beim Golf-Gentleman fängt dieser Ablauf beim Gang zu seinem Ball an. Schon unterwegs schätzt er die Entfernung, die er schlagen möchte, und wählt im Geiste den Schläger aus, den er aufgrund der Bahn- und Wettergegebenheiten als passend ansieht. Beim Ball angekommen, stellt er die Golftasche so ab, dass der Ball beim Schlagen zwischen ihm und der Tasche liegt. Dadurch läuft er nicht Gefahr, beim Schlagen die Tasche zu treffen. Und er sieht beim

Blick auf den Ball hinter diesem das vertraute Bild des unteren Endes seiner Golftasche. Lästig sind ihm solche Mitspieler, die nach erfolgter Schlägerwahl erst beim Probeschwung feststellen, dass ihre Tasche im Weg steht, und diese dann umständlich wegräumen müssen. Nach Abstellen der Tasche prüft er den Wind (durch Hochwerfen von Gras), blickt zur Fahne, bestimmt das Ziel, das er mit dem Schlag treffen möchte, geht den Schlag im Geiste durch, greift den passenden Schläger, macht einen Probeschwung, tritt an den Ball, schlägt ihn, verfolgt den Ballflug, steckt den Schläger zurück und nimmt die Tasche auf. Statt eines Probeschwungs reicht auch ein so genannter *waggle*, also ein Wackeln mit dem Schlägerkopf, das die Schlagbewegung andeutet. Mehr als einen Probeschwung macht der Golf-Gentleman nur in schwierigen Lagen wie beispielsweise am Hang oder im Rough rund um das Grün.

Durchspielen und durchspielen lassen

Die lokalen Regeln eines Golfplatzes sagen es oft explizit: Wer zu langsam ist, muss die schnellere Spielergruppe an sich vorbeiziehen lassen. Auch bei Fehlen einer solchen Regel ist das kein freier Wunsch, sondern ein Muss gemäß Etikette. Für das Vorrecht auf dem Golfplatz ist allein das Spieltempo entscheidend. Sofern ein Golfclub keine anderslautenden Einschränkungen vorgesehen hat, haben auch Einzelspieler Platzrecht. Soll heißen: Diese muss man durchspielen lassen, wenn sie offensichtlich schneller unterwegs sind als die Spielergruppe vor ihnen. Auf manchen Plätzen werden Einzelspieler jedoch per Platzregel rechtlos gemacht. Sie müssen dann jede andere Gruppe durchspielen lassen und brauchen von niemandem durchgelassen zu werden. Auf diese Weise helfen Golfclubs nach, dass sich Einzelspieler für die Runde mit unvollständigen Spielergruppen zusammenschließen.

Der Golf-Gentleman hat jederzeit die Größe, während der Runde eine kurze Pause einzulegen, um eine schnellere Spielergruppe durchspielen zu lassen. Für ihn ist das kein Zeichen von Schwäche, sondern ein einfaches Mittel, um Spielergruppen mit unterschiedlichen Tempi ein harmonisches Miteinander zu ermöglichen. Auch im Straßenverkehr dürfen ihn all jene überholen, die schneller als er unterwegs sind. Er lässt sich nicht auf Rennen mit anderen Autofahrern ein, sondern er fährt sein individuelles Tempo, ohne jedoch anderen damit zur Last zu fallen. Für ihn ist es keine Schande, wenn seine Spielergruppe den Anschluss an die vor ihm spielende Gruppe verloren hat. Gerade kleinere Spielergruppen spielen naturbedingt schneller als solche mit vier Spielern. Ebenso sind gute Spieler, die selten neben dem Fairway landen, zügiger unterwegs als solche, die häufig ihre Bälle suchen müssen. Wenn also eine ganze Bahn vor ihm frei ist und von hinten bereits die nächste Spielergruppe wartet, leitet er in Abstimmung mit seinen Mitspielern das Durchspielen ein. Das freut die nachfolgende Gruppe, und seine eigene Spielergruppe entledigt sich des mentalen Drucks durch die permanente Präsenz der nachfolgenden Spieler. Der Golf-Gentleman gibt dafür der nachfolgenden Gruppe mit dem Arm ein deutliches Zeichen durchzuspielen. Ein Rufen ist nicht erforderlich und würde die übrigen Spieler auf dem Platz stören. Die so angesprochene Gruppe quittiert die Einladung durch eine entsprechende Geste und bereitet sich auf die Schläge vor. Der Golf-Gentleman und seine Mitspieler bringen sich samt Ausrüstung hinter Bäumen oder ähnlichem in Sicherheit. Nach erfolgten Schlägen kommen sie wieder hervor, wechseln einige nette Worte mit der durchspielenden Gruppe und nehmen ihr Spiel erst dann wieder auf, wenn die durchspielende Gruppe in sicherer Entfernung nach vorne gelaufen ist. Keineswegs drängeln sie die Durchspielenden, denn oft stellt für jene das Durchspielen ohnehin eine unangenehme Veränderung ihres Spielrhythmus' dar.

Kommt der Golf-Gentleman in die Situation, dass seine Spielergruppe zum Durchspielen eingeladen wird, bedankt er sich für das Angebot, sobald er an der ihn durchspielen lassenden Gruppe vorbeizieht. Versäumt es eine Spielergruppe vor ihm, ihn trotz des offensichtlich verlorenen Anschlusses durchspielen zu lassen, macht er nicht laut rufend auf sich aufmerksam. Ebenso würde er keine Bälle nahe an die Gruppe heran schlagen, so dass sich diese zu Recht gefährdet sieht und in der Folge wenig kooperativ verhält. Eine weit sichtbare Geste an die vor ihm spielende Gruppe ist für ihn das äußerste Mittel. Ansonsten hofft er auf ein Aufeinandertreffen der Spielergruppen an einem Abschlag, an dem er seinen Wunsch, durchspielen zu dürfen, persönlich und in freundlichem Ton anbringen kann. Hat er eine Begleitperson in der Spielergruppe, bittet er diese mitunter, nach vorne zu laufen und den Wunsch höflich zu überbringen.

Verlorene Bälle finden

Auf jeder Runde verliert ein Golfer einige Bälle. Das ist prinzipiell gut, denn so kommt etwas Bewegung in seinen Ballvorrat, und er braucht nicht immer mit demselben Ball zu spielen. Dennoch schenkt kaum ein Golfer gerne seine Bälle freiwillig her. Um seinen in Richtung Rough oder Fairway-Rand strebenden Ball wiederfinden zu können, verfolgt der Golf-Gentleman dessen kompletten Flug und sucht sich Ziele zum Anpeilen in der Nähe. Das können ein einzelner Baum, ein markanter Strauch oder sonst eine Besonderheit in der Verlängerung der vermeintlichen Balleinschlagstelle sein. Ebenso versucht er zu erkennen, ob der Ball noch in eine Richtung gesprungen oder gerollt ist. Beim leichtesten Zweifel daran, dass sein Ball schnell wieder aufgefunden werden kann, spielt er einen provisorischen Ball.

Dass sich die Mitspieler einer Spielergruppe gegenseitig beim Suchen helfen, ist selbstverständlich. Und zwar eifrig und engagiert, und nicht nur lustlos aus Pflichtgefühl. Insgeheim gilt: „Wie Du mir, so ich Dir!" Spätestens wenn ein Ball des zuvor nur halbherzig mitsuchenden Spielers verloren gegangen ist, findet er sich schnell alleine bei der Suche wieder. Sich über seinen Gegner einen Vorteil zu verschaffen, weil dieser seinen Ball nicht wiederfindet, kommt für den Golf-Gentleman nicht in Frage. Daher geht er mit dem Spieler, dessen Ball gesucht werden soll, gemeinsam zur Stelle, an der der Ball vermutet wird. Die Spieler lassen während der Suche ihre Ausrüstung deutlich sichtbar auf dem Fairway stehen, damit nachfolgende Spielergruppen erkennen, dass sich weiter vorne noch Spieler aufhalten. Der Spieler, dessen Ball gesucht werden soll, sagt vor der Suche laut an, welche Marke gesucht wird einschließlich Nummer und besonderer Kennzeichnung. Ein armer Wicht, der den nächstbesten Ball, der gefunden wird, einfach als den seinen deklariert und das Spiel fortsetzen möchte. Manchmal erinnert sich ein Mitspieler an den ursprünglich gespielten Ball, und wird dieser dann zusätzlich gefunden, ist der vorsätzliche Betrug offensichtlich. Eine Disqualifikation sollte die sofortige Folge sein.

Ein Mitspieler sollte als Zeitnehmer fungieren, da die Suche maximal drei Minuten dauern darf. Die Zeit beginnt zu laufen, sobald der erste Spieler mit der Suche startet. Die Spielergruppe sollte sich einigen, in welchem Muster sie suchen möchte. Statt dass alle quer durcheinanderlaufen, ist es in der Regel effizienter, Schulter an Schulter das Gelände zu durchkämmen. Die drei Minuten Suchzeit sollten im Turnier voll ausgeschöpft werden, dürfen aber nicht überschritten werden. Dem Spieler, dessen Ball gesucht wird, steht es natürlich jederzeit frei, die Suche vorzeitig für beendet zu erklären. Gerade auf privaten Runden sollte nicht immer die volle Suchzeit ausgenutzt werden; schon gar nicht, wenn die Erfolgsaussichten nur gering sind. Wenn das Auffinden des Balls unmöglich scheint, kann der Spieler die Suche auch gar nicht erst starten lassen und gleich den provisorischen Ball spielen. Bälle, die im Aus liegen, werden nicht aufwendig gesucht. Ist der Ball nicht sofort wieder auffindbar, lässt der Golf-Gentleman ihn liegen. Wurde der gesuchte Ball im Rough oder im Unterholz gefunden, legt er seine Kopfbedeckung oder etwas anderes, was leicht wieder auffindbar ist, daneben. Wenn er jetzt noch einmal zu seiner Golftasche zurückgeht, um den passenden Schläger zu holen, läuft er nicht Gefahr, den Ball erneut suchen zu müssen.

Bevor der Golf-Gentleman mit seinen Mitspielern die Suche beginnt, prüft er, ob die nachfolgende Spielergruppe nicht gleich zum Durchspielen aufgefordert werden sollte. Auch während der Suche schaut er immer wieder zurück und würde sie sogar unterbrechen lassen, um der nachfolgenden Gruppe das Durchspielen zu ermöglichen. Nicht zu akzeptieren ist, dass die nachfolgende Gruppe erst einmal drei Minuten von hinten beim Suchen zuschaut, bevor es irgendwie weitergeht. Wurde das Zeichen zum Durchspielen gegeben und der gesuchte Ball wird gefunden, während die nachfolgende Spielergruppe nach vorne läuft, verständigt sich der Golf-Gentleman mit jener Gruppe, ob am Durchspielen festgehalten werden soll. Sinnvoll ist, wenn die offensichtlich schnellere Gruppe voraus spielt, um eine erneute Durchspielsituation einige Löcher später zu vermeiden.

Für viele Spieler lässt sich der mäßige Score einer Golfrunde durch einige zusätzlich gefundene Bälle aufpeppen. Nach dem Verlust einiger Bälle zuvor auf der Runde ist es für manch einen Golfer ein gutes Gefühl, zumindest mit einer ausgeglichenen Ballbilanz in das Clubhaus zurückzukehren. Gerne schlendern sie am Fairway-Rand entlang oder gehen durch das Rough, den Kopf auf den Boden gesenkt, auf der Suche nach herrenlosen Golfbällen. Beim Warten auf den nächsten Schlag schlagen sie sich in das nahegelegene Unterholz und vertreiben sich so die Zeit, bis die vorausspielende Gruppe wieder außer Reichweite ist. Der Golf-Gentleman hat für derlei Treiben volles Verständnis, solange es den Spielfluss nicht stört. Nicht passieren darf, dass der suchende Spieler die Spielergruppe aufhält oder nicht vorbereitet ist, wenn er mit Schlagen an der Reihe ist. Das Ausfahren der Angel am Teich oder im dichten Gestrüpp sollte daher unterbleiben. Vom Fairway sollte ein suchender Spieler niemals einen Ball aufnehmen, denn dass dieser wirklich herrenlos ist, ist sehr unwahrscheinlich.

3.13 ANDERE SPIELERGRUPPEN TREFFEN

Immer freundlich grüßen

Spielergruppen, auf die man treffen kann, sind jene, die vor oder hinter der eigenen Gruppe spielen, und solche, die man an Wegekreuzungen oder auf benachbarten Bahnen trifft. Freundlich grüßt der Golf-Gentleman alle Spieler auf dem Platz. Per Geste oder Handzeichen die weiter entfernt stehenden Spieler, und freundlich mit gedämpften Worten diejenigen, denen er nahekommt. Ein lautes Rufen auf ein benachbartes Fairway wird man von ihm nicht hören, denn die übrigen Spieler auf dem Platz sollen nicht gestört werden. Wie beim Wandern in den Bergen grüßt er auch solche Spieler freundlich, die ihm unbekannt sind. Golfen verbindet eben. Beim Grüßen gilt: Wer den Raum betritt, grüßt zuerst. Wartet also eine Spielergruppe an einem Abschlag, ergreift der Golf-Gentleman, der mit seiner Gruppe dort eintrifft, aktiv das Wort. Allerdings erst dann, wenn er die Abschlagenden nicht mehr stört. Gehen die Gruppen weiter ihrer Wege, wünscht er „Schönes Spiel", das Pendant der Golfer zum „Mast- und Schotbruch" der Segler. Trifft der Golf-Gentleman auf andere Spieler, die gerade im Begriff sind abzuschlagen, ihren Ball zu putten oder vom Fairway zu schlagen, bleibt er ruhig stehen, bis diese ihren Schlag beendet haben. Seinen Mitspielern deutet er an, es ihm nachzutun.

Auf eine Spielergruppe auflaufen

Mit Auflaufen sei jener Umstand bezeichnet, in dem eine Spielergruppe der vor ihr spielenden Gruppe so nahegekommen ist, dass erstgenannte warten muss, bis sie erneut schlagen kann. Ein ungefährdetes Schlagen ist erst dann wieder möglich, wenn die vor ihr spielende Gruppe ausreichend weit nach vorne gelaufen ist. Auf eine andere Spielergruppe aufzulaufen, ist in der Regel unangenehm, da es mit Warten verbunden ist und der eigene Spielrhythmus dadurch leicht verloren gehen kann. Nun wäre es naiv zu glauben, die vor einem spielende Gruppe bestünde nur aus Trödlern. Oftmals wird diese Gruppe selbst aufgehalten und wartet ihrerseits wegen der Spielergruppe vor ihnen. Trifft man die Spielergruppe, die einen aufhält, persönlich, beispielsweise an einem Abschlag, entpuppen sich die vermeintlichen Langsamspieler oft als sehr nette Menschen. Ihnen eben noch absichtliche Trödelei und Müßigkeit vorgeworfen zu haben, könnte einen zum Schämen veranlassen.

Ist der Golf-Gentleman als Einzelspieler unterwegs, nutzt er derlei Zusammentreffen, um sich der vorhergehenden Spielergruppe anzuschließen. Lehnt die Spielergruppe das ab – was eigentlich nicht vorkommen sollte –, kann er, sofern sinnvoll, vorschlagen, dass er durchspielt, um den allgemeinen Spielfluss zu verbessern.

Wenn sich das wiederholte Warten nicht vermeiden lässt und ein Durchspielen keine Besserung bringen würde (was der Fall ist, wenn sehr viele Spieler auf dem Golfplatz unterwegs sind), drosselt der Golf-Gentleman das Spieltempo seiner Gruppe. Statt verstreut auf dem Fairway, getrennt voneinander und ungeschützt im Wetter zu stehen, wartet er lieber mit seinen Mitspielern auf dem Abschlag. Dort kann sich die Spielergruppe unterhalten, oft bequem auf einer Bank Platz nehmen und sich vor den Elementen besser schützen. Eine solche Pause betrachtet er als Geschenk und nicht als lästiges Übel. Er nutzt sie, um den Blick schweifen zu lassen oder die Ausrüstung wiederherzurichten. Ganz bestimmt denkt er nicht an das Warten, und er lässt sich von dieser Verzögerung auch nicht verärgern. Seine Spielergruppe startet, sobald sich ein fließendes Spiel für die vor ihnen liegende Bahn ohne weitere Warterei abzeichnet.

In die Hacken gespielt bekommen

Einen Golfball „in die Hacken" gespielt zu bekommen, bezeichnet eine Situation, in der die nachfolgende Spielergruppe einen Golfball so nahe an die eigene Spielergruppe schlägt, dass jene sich gestört, wenn nicht sogar gefährdet sieht. Hier gibt es höchst unterschiedliche Ansichten, wie nahe die Balleinschläge kommen dürfen. Der Golf-Gentleman wird erst aufmerksam, wenn Bälle in weniger als 30 Meter Entfernung hinter ihm zum Liegen kommen und kein „Fore" zu hören war. Wenn es mal näher ist, signalisiert er der nachfolgenden Gruppe deutlich, dass sich seine Spielergruppe gefährdet sieht und solch Treiben zu unterlassen sei. Gleichzeitig versteht er den Einschlag als ein deutliches, wenn auch unfreundliches Zeichen zu prüfen, ob seine Spielergruppe die nachfolgende Gruppe vielleicht doch aufhält und sie besser durchspielen lassen sollte.

Im Wiederholungsfall, wenn der Ball wirklich sehr nahe an ihn herangekommen ist oder wenn ein Ball sogar über ihn hinwegfliegt, setzt er diesen Ball auf eines seiner Tees auf. Der auf diese Weise diskret angesprochene Delinquent merkt deutlich ohne Worte, dass er etwas Unangebrachtes gemacht hat, und sollte die Chance umgehend nutzen, den Vorfall von sich aus beim Golf-Gentleman zu klären. Alles andere als ein devotes Einlenken und Bedauern des Delinquenten führt zu einer Meldung desselben durch den Golf-Gentleman nach Ende der Runde im Clubhaus mit der dringenden Bitte an die Spielleitung, eine zeitweise Platzsperre auszusprechen. Hält es der Delinquent nicht für erforderlich, die Situation von sich aus aktiv anzusprechen, verfährt der Golf-Gentleman ebenso. Vorher stellt er dann allerdings den Delinquenten von sich aus zur Rede, nicht ohne zuerst seine Erregung wieder herunterzufahren, um weiterhin sachlich souverän zu bleiben.

Abkürzen auf dem Golfplatz

Auf dem Golfplatz gilt eine ganz einfache Vorfahrtsregel: Wer über 18 Löcher geht, hat Vorfahrt! Wenn also auf einem Platz mit neun Löchern eine Spielergruppe neu am ersten Abschlag startet, muss sie sich hinter der Spielergruppe einfädeln, die gerade vom neunten Grün kommt und ihren zehnten Abschlag, wieder an der ersten Bahn, machen möchte. Wie im Straßenverkehr ist dann das Reißverschluss-Verfahren sinnvoll: Die neu startende Spielergruppe braucht in der Regel nicht jeder anderen Spielergruppe, die von der neunten Bahn kommt, den Vortritt zu lassen, sondern nur der ersten. Manch Club erlässt für derlei Situationen eigene Platzregeln.

Einige Golfer starten auf einem 18-Löcher-Platz gerne an Bahn 10, da sie die ersten neun Bahnen vielleicht schon häufig gespielt und nicht genügend Zeit für 18 Löcher haben. Der Golf-Gentleman würde nur dann an Bahn 10 abschlagen, wenn die gesamte Bahn 9 komplett frei ist. Durch sein Einfädeln soll keine andere Spielergruppe unnötig aufgehalten werden. Andernfalls würde er warten, bis die Spielergruppe von Bahn 9 kommt und sich hinter dieser einreihen. Ergibt sich keine Situation auf Bahn 9, dass diese einmal komplett frei ist, verzichtet er auf den Start an Bahn 10. Er vermeidet dadurch, dass er gleich mehrere Spielergruppen in ihrem Spielfluss stört.

Sofern die Platzregeln nichts anderes aussagen, ist ein Abkürzen auf dem Platz nicht generell verboten. Wer für 18 Löcher nicht genügend Zeit mitgebracht hat, von der einbrechenden Dämmerung überrascht wurde oder unerwartet doch früher zuhause sein muss, als geplant, kann an geeigneter Stelle die volle Runde abkürzen. So könnten die Bahnen eines Golfplatzes so gelegen sein, dass man auf kurzem Weg vom Grün der Bahn 12 auf den Abschlag der Bahn 17 gelangt. In so einem Fall würde der Golf-Gentleman an Bahn 17 nur dann abschlagen, wenn die komplette Bahn 16 frei ist. Ist sie das nicht, versucht er, sich der nachfolgenden Spielergruppe anzuschließen, oder er lässt diese durchspielen und reiht sich hinter ihr ein. Alternativ verzichtet er auf die letzten beiden Bahnen und geht ohne weitere Schläge zum Clubhaus zurück. Schließlich sollen keine anderen Golfer darunter leiden, dass bei ihm die Zeit für 18 Löcher an diesem Tag nicht ausreicht.

Zuschauer und Passanten

Manch Golfplatz grenzt an öffentliche Wege. Es gibt auch Golfplätze, die von einem öffentlich zugänglichen Weg durchschnitten werden. Dann gehört es durchaus zum Spiel dazu, regelmäßig mit Nicht-Golfern, die auf diesen Wegen spazieren gehen, in Kontakt zu kommen. Dass Passanten auch einmal stehen bleiben, um dem Treiben auf dem Golfplatz zuzuschauen, ist nicht unüblich. Über Platzregeln ist dann oft geregelt, dass besondere Rücksicht auf derlei Zuschauer genommen werden soll. Der Golf-Gentleman nutzt die so entstehenden Kontakte zu Nicht-Golfern gerne aus, um ihnen nachhaltig zu zeigen, dass Golfer aufgeschlossene und rücksichtsvolle Menschen sind. Er grüßt freundlich und wechselt, wenn es sich denn anbietet, ein paar

Worte mit den interessierten Zuschauern. Seinen Schlag nach dem Ball führt er erst dann aus, wenn kein Passant oder Zuschauer mehr gefährdet ist. Manchmal muss er dafür per Handzeichen den ungünstig stehenden Zuschauer auf seinen Wunsch zu schlagen aufmerksam machen, verbunden mit der Bitte, sich in Sicherheit zu bringen. Bei jeglichem Verhalten seiner Mitspieler, das den Passanten die rechtmäßige Benutzung der öffentlichen Wege am Golfplatz streitig machen möchte, schreitet er ein und weist seine Golfkollegen freundlich in die Schranken. Die vorsichtig voranschreitende Verbesserung des Images von Golfern in der Öffentlichkeit soll durch derartiges Treiben nicht gefährdet werden.

3.14   MITEINANDER AUF DEM GRÜN SPIELEN

Golftaschen richtig abstellen

Das Grün ist das Ziel jeder Bahn. Nicht nur für die eigene Spielergruppe, sondern auch für die nachfolgende. Daher gilt es, das Grün nach dem letzten Putt schnell wieder freizugeben und den Weg zum nächsten Abschlag anzutreten. Je nach dem, wo die Golftaschen geparkt sind, gelingt das vorbildlich oder nur zum Unmut der nachfolgenden Spielergruppe. Der Golf-Gentleman orientiert sich an kleinen Wegweisern, die um das Grün herum aufgebaut sind und den Weg zum nächsten Abschlag anzeigen. Er stellt seine Golftasche so ab, dass er nach Verlassen des Grüns schnellstmöglich diesen Weg antreten kann. Das macht er auch dann, wenn er dafür vermeintliche Umwege gehen muss. Geht der Weg zum nächsten Abschlag hinter dem Grün ab, sein Ball liegt aber noch vor dem Grün, dann bringt er seine Tasche trotzdem erst hinter das Grün, bevor er seinen Ball schlägt: Warum? Weil die nachfolgenden Spieler zu diesem Zeitpunkt in der Regel noch mit ihren Abschlägen beschäftigt sind. Während diese zu ihren abgeschlagenen Bällen laufen, geht der Golf-Gentleman mit den von ihm benötigten Schlägern (kurzes Eisen und Putter) in der Hand zu seinem vor dem Grün liegenden Ball und chippt ihn auf das Grün. Nach dem Putten kann er dann unter den Augen der schon wartenden Spielergruppe hinter ihm schnell das Grün freigeben, statt wieder vor das Grün zu laufen und so für eine unnötige Verzögerung zu sorgen.

Das Grün besonders schonen

Die Schonung des Golfplatzes ist dem Golf-Gentleman ja ein besonderes Anliegen. Die Schonung der Grüns ist für ihn die Steigerung des Ganzen. Hier kennt er kein Pardon. Tadellose Grüns ohne Beschädigungen, die auf allen 18 Bahnen eine konstante Rollgeschwindigkeit aufweisen und ein verlässliches Putten ermöglichen, sind ein echter Wertgegenstand für einen Golfclub. Was nützen großartige Bahnen, wenn die Grüns diesem Qualitätsanspruch nicht nahekommen? Ebenso kann ein Golfplatz, dessen Bahnen nur als durchschnittlich beurteilt werden, durch hervorragende Grüns auf sich aufmerksam machen.

Fahrer von Golf-Carts oder Trolleys beachten die Hinweisschilder rund um das Grün, die die erlaubten Wege für derlei Gefährte anzeigen. Generell tabu ist das Befahren von Grüns, Vorgrüns sowie des schmalen Streifens zwischen Grünbunkern und Grüns. Golftaschen werden nicht auf dem Grün oder Vorgrün abgestellt, sondern im Bereich um das Grün herum. Wer seine Tasche trägt, hat weniger Einschränkungen, was die Laufwege angeht.

Der Golf-Gentleman zieht beim Gehen die Füße nicht hinter sich her, er schlurft nicht über das Grün und springt auch nicht darauf herum.

Beide Füße hat er fest auf dem Boden – wie auch im Leben außerhalb des Golfplatzes.

Sobald der Golf-Gentleman auf dem Grün ankommt, entfernt er alle sichtbaren Pitch-Marken, sowohl seine eigene als auch fremde, die vorher spielende Golfer versäumt haben auszubessern. Um das Loch herum gilt für ihn eine kreisrunde Sperrzone mit einem Radius von etwa 30 cm, die er nicht betritt, weder beim Bedienen der Fahne noch beim Herausholen des Balls aus dem Loch. So schont er das Grün unmittelbar um das Loch und vermeidet, das Putts durch zertretenes Grün kurz vor dem Loch noch abgelenkt werden. Kein Spieler nach ihm braucht daher an diesem Loch über seinen Ball zu sagen: „Gerade, als er gerade war, bog er ab, was schade war!"

Den Ball holt der Golf-Gentleman stets mit der Hand aus dem Loch. Wer es aus Bequemlichkeit mit dem Putterkopf macht, fügt der Lochkante Schäden zu. Hat jemand Schwierigkeiten beim Bücken, kann er sich einen Saugnapf für das Griffende des Putters zulegen, mit dessen Hilfe er den Ball dann bequem aus dem Loch aufnehmen kann. Oder er geht auf das Angebot des Golf-Gentlemans ein, der Mitspielern mit körperlich bedingten Einschränkungen gerne behilflich ist. Um keine Unebenheiten auf dem Grün zu verursachen, stützt sich der Golf-Gentleman nicht auf seinen Putter, weder beim Warten während andere putten noch beim Herausholen des Balls aus dem Loch.

Umgang mit dem Flaggenstock

Neuerdings darf der Ball beim Putten vom Grün den Flaggenstock treffen, wenn dieser im Loch steckt. Manch ein Spieler nutzt das aus in der Hoffnung, dass der Flaggenstock einen zu schnell gespielten Ball, der sonst über das Loch hinausgeschossen wäre, aufhält. Andere Spieler bevorzugen es, wenn der Flaggenstock generell entfernt wird, wie es die Regeln über viele Jahrzehnte vorgesehen haben. Schon auf dem ersten Grün schlägt der Golf-Gentleman daher seinen Mitspielern vor, dass der Flaggenstock solange im Loch verbleibt, bis ein Spieler dessen Bedienen oder Entfernen explizit wünscht.

Wenn alle Mitspieler den Flaggenstock im Loch nicht mehr wünschen, nimmt der Golf-Gentleman ihn vorsichtig aus dem Loch heraus und legt ihn nahe des Grünrands ab. Zur Schonung des Grüns lässt er ihn nicht einfach fallen oder wirft ihn achtlos hin. Er lässt ihn liegen, bis der letzte Mitspieler eingelocht hat. Erst dann wird der Flaggenstock wieder aufgenommen, was drei Gründe hat: Erstens mag ein sensibler Mitspieler das vorzeitige Aufnehmen des Flaggenstocks als Signal zum schnelleren Spielen auffassen. Zweitens kann das Flaggentuch beim Aufrichten zu flattern beginnen, was beim Putten stört. Und drittens stellen viele Golfer die Flagge nach dem Aufnehmen senkrecht auf das Grün, was zu kleinen Vertiefungen und damit Beschädigungen im Grün führen kann.

Bei längeren Putts wünscht manch ein Golfer das Bedienen der Fahne. Der Mitspieler, dessen Ballmarker am nächsten zur Fahne liegt, stellt sich dafür seitlich an den Flaggenstock und hält diesen senkrecht mit ausgestrecktem Arm. Durch schräges Halten des Stocks kann der Lochrand Schaden nehmen. Das Flaggentuch hält der Golf-Gentleman fest, damit es nicht hörbar im Wind flattert. Den Flaggenstock nimmt er heraus, sobald der Ball des Spielers in Bewegung kommt. Damit das gelingt, löst er den Stock schon zu Beginn des Bedienens aus dem Loch und stellt ihn senkrecht auf dem Locheinsatz ab. Es soll durchaus schon vorgekommen sein, dass sich der Flaggenstock im Loch verkantet hat und mitsamt dem Locheinsatz aus dem Loch gerissen wurde.

Zügig putten

Wie auf dem übrigen Platz ist auch auf dem Grün zügig zu spielen. Für die Spielreihenfolge galt früher: Wer weiter von der Fahne entfernt liegt, spielt zuerst, unabhängig davon, ob der Ball auf dem Grün ist oder nicht. Heutzutage darf im Interesse eines schnellen Spiels derjenige Spieler putten, der dazu bereit ist.

Viel Zeit geht auf dem Grün zwischen den Schlägen verloren, wenn Spieler auf ihre Putts nicht vorbereitet sind und vermeintlich vor sich hinträumen. Jeder Spieler sollte, wenn sein Vorgänger seinen Putt gemacht hat, umgehend zum eigenen Putt bereit sein. Er sollte vorher schon das Grün gelesen haben und seinen Ball gleich, nachdem der Putt des Vorgängers zur Ruhe gekommen ist, an die Stelle des Ballmarkers legen, sofern er ihn vorher markiert und aufgenommen hat. Eine Spielergruppe, die von weitem einer anderen Spielergruppe beim Putten zuschaut, sollte aus der Distanz jederzeit sehen können, wer gerade mit Putten dran ist. Oftmals wird aus der Ferne keinerlei Bewegung erkannt, was ein deutliches Zeichen dafür ist, dass die Spielergruppe auf dem Grün Zeit verschenkt.

Eine andere Quelle für Zeitverzögerungen ist das Lesen des Grüns vor einem Putt. Der Golf-Gentleman fängt mit dem Lesen schon an, wenn er an das Grün herantritt, wenn er die Tasche (am Ende des Grüns) abstellt und wenn er Pitch-Marken ausbessert. Auf diese Weise kann er das Grün aus verschiedenen Blickwinkeln erstmals studieren. Vor dem Putt braucht er dann nur noch die Feinheiten für die von ihm angepeilte Puttlinie zu bestimmen. Das Ausmaß seines Lesens steht in passender Relation zur Wichtigkeit des Spiels und zu seiner Spielstärke. Soll heißen: Bei einer Freizeitrunde sollte ein Anfänger nicht das Grün von allen vier Seiten sehr ausführlich lesen.

Um bei PAR-3-Löchern das Spiel zu beschleunigen, ist auf manchen Plätzen vorgesehen, dass eine Spielergruppe nach ihren Abschlägen zum Gün geht, dort die Bälle markiert, sich in Sicherheit bringt und die nachfolgende Gruppe zum Abschlagen auffordert. Nach deren Abschlägen setzt die erst genannte Spielergruppe ihr Spiel fort. Unter Umständen muss sie dafür auf dem Grün liegende Bälle der nachfolgenden Spielergruppe vorher markieren. Nachdem der letzte Putt gefallen ist, werden die Bälle der nachfolgenden Spielergruppe wieder an die markierten Stellen gelegt. Nach diesem Verfahren geht er nach Möglichkeit an jedem PAR-3-Loch vor. Allerdings versucht er vorher, mit der nachfolgenden Spielergruppe Kontakt aufzunehmen, um dieses Vorgehen anzukündigen. Andernfalls läuft diese Gefahr, sich beim Abschlagen zeitlich unter Druck gesetzt zu fühlen.

Der Golf-Gentleman geht sofort, nachdem er seinen Putt ausgeführt hat, zu seinem Ball, um ihn zu markieren. Wenn der Ball nahe am Loch liegt, fragt er seine Mitspieler, ob er seinen Ball außerhalb der Reihenfolge einlochen darf. Dabei bleibt er konzentriert und tritt nicht auf die Puttlinien seiner Mitspieler. Den eingelochten Ball holt er unverzüglich aus dem Loch. Nach einem verzogenen Putt lamentiert er nicht erst lange herum, sondern markiert zügig seinen Ball. In so einem Fall vermeidet er oft das vorschnelle Weiterputten, da die Wahrscheinlichkeit hoch ist, dass auch der nächste Putt nicht gelingt. Jeden guten Putt, gerade wenn er aus großer Distanz in das Loch gefallen ist, beendet er gerne mit einer ruhigen Geste, beispielsweise einem Gruß an die imaginären Zuschauer. Dieses Ausmaß an Gefühlsäußerung ist voll akzeptiert, so lange es sich nicht gegen die Mitspieler richtet und der allgemeinen Zurückhaltung des Golf-Gentlemans nicht zugegen läuft.

Wenn seine Mitspieler ihm etwas vermeintlich Gutes tun und ihm einen Putt schenken wollen, nimmt er dieses Geschenk mitunter an, bittet aber darum, dennoch zur Übung zu Ende zu putten. Die Golfregeln erlauben das. In Ordnung wäre es auch, wenn er sich nichts schenken lassen möchte. Gerade im Zählspiel sind Schenkereien dieser Art in den Golfregeln nicht vorgesehen. Darauf weist er seine Mitspieler frühzeitig hin, am besten noch bevor eine Schenksituation entstanden ist. Schenken bedeutet übrigens, dass der letzte Putt nicht ausgeführt zu werden braucht, aber dennoch als Schlag zählt.

Die Mitspieler nicht stören

Gerade beim Putten ist höchste Konzentration gefragt. Viele Spieler reagieren äußerst gereizt, wenn sie beim Putten gestört werden. Der Golf-Gentleman tut alles, um seine Mitspieler beim Putten nicht aus der Ruhe zu bringen. Generell steht er weit genug vom Schlagenden weg, um nicht in dessen Blickfeld zu stehen. Er steht absolut still, redet nicht und vermeidet alle übrigen Geräusche wie Stöhnen, Seufzen, Niesen oder Herumspielen mit Bällen und Pitch-Gabel. Sein Schatten fällt nicht auf die Puttlinie oder deren Nähe. Seinen eigenen Ball hebt er auf, nachdem er ihn markiert hat. Manch Spieler sieht es gern, wenn beim Putten nur sein eigener Ball auf dem Grün liegt und alle anderen markiert wurden. Sofern sein Ballmarker nahe der Puttlinie eines anderen Spielers liegt, bietet er das Versetzen seines Ballmarkers um die einfache oder doppelte Breite seines Putter-Kopfes an. Den Ballmarker dreht er dabei auf die Rückseite als Erinnerung daran, ihn später wieder zurück zu versetzen.

Nach dem Einlochen

Alle Spieler bleiben auf dem Grün, bis der letzte Ball eingelocht ist. Eingedrückte Stellen an der Lochkante werden danach sorgfältig wiederhergerichtet. Jeder Spieler schaut noch einmal nach abgelegten Schlägern. Gerade am und um das Grün herum werden gerne Wedges und kurze Eisen, die nach erfolgreicher Annäherung abgelegt wurden, vergessen. Der Golf-Gentleman legt daher die von ihm mitgeführten und nicht mehr benötigten Schläger auf dem abgelegten Flaggenstock ab. Findet er unterwegs Schläger oder sonstige Ausrüstung, die nicht einem Spieler der eigenen Gruppe gehören, trägt er diese zum Clubhaus, wo in der Regel der verzweifelte Verlierer schon die Ankunft des guten Stücks erwartet. Ein Getränk als Dank sollte die angemessene Entlohnung für den aufmerksamen Transportdienst sein.

Die Spieler verlassen das Grün mit zügigem Schritt und entfernen sich mit gleichem Tempo aus der Umgebung des Grüns, damit die nachfolgende Spielergruppe ihre Annäherungsschläge auf das Grün machen kann. Erst dann werden die Schläger in der Golftasche geordnet, die Golftasche aufgeräumt, Getränke zu sich genommen oder das Ergebnis notiert. Sogar die Haube seines Putters nimmt der Golf-Gentleman in der Hand mit und stülpt sie erst in deutlicher Entfernung vom Grün dem Putter über. All diese Dinge lassen sich gut zwischen letztem Grün und nächstem Abschlag erledigen, da dann die vorhergehende Gruppe bei ihren Abschlägen nicht gestört wird. Lautes Reden sollte auch dort vermieden werden, da immer Spielergruppen in der Nähe sein können, die sich durch den Lärm abgelenkt fühlen.

3.15   MIT HINTERHÄLTIGEN MITSPIELERN UMGEHEN

Für das Leben lernen

Wenn Außenstehende gefragt werden, mit welchem Beruf der des Schiedsrichters im Fußball am ehesten vergleichbar wäre, nennen sie Richter oder Polizist. Schiedsrichter selbst antworten: Sozialarbeiter.

Denn die ganze Vielfalt der menschlichen Charaktere findet sich auf dem Fußballplatz wieder. Wie ein Sozialarbeiter muss der Schiedsrichter mit diesen Menschen in mitunter sehr stressigen Situationen zurechtkommen. Im Golf ist es nicht anders. In seiner Spielergruppe trifft man auf alle möglichen Typen. Außenstehende könnten der Meinung sein, dass es eine ganz bestimmte Sorte Mensch ist, die Golf spielt. Jeder Golfer kann bestätigen, dass dem nicht so ist.

Wenn man mit allen möglichen Charakteren in seiner Spielergruppe umzugehen versteht, sollte man auch im Leben außerhalb des Golfplatzes souverän in jeder Situation bleiben können, in denen es menschelt. Dass Golf für das Leben außerhalb des Golfplatzes schult, wurde hier schon mehrfach genannt.

Um wen es hier geht

Mit einem hinterhältigen Mitspieler sei einer gemeint, der bewusst die Harmonie in der Spielergruppe stört. Einer, der offenkundig und wissentlich die grundlegenden Fundamente der Etikette im Golf missachtet und trotz wiederholter Hinweise seiner Mitspieler daran partout nichts ändert. Wie kann sich das äußern? Ein Spieler schummelt kaltblütig und, obwohl eindeutig überführt, lenkt nicht von sich aus ein. Ein anderer Spieler erfreut sich deutlich am Misserfolg seiner Mitspieler, indem er sie für schlechte Schläge auslacht. Ein weiterer Spieler treibt es mit seinem Ehrgeiz so weit, dass er ständig seine Mitspieler für sein eigenes schlechtes Spiel verantwortlich macht und sie mit üblen Sprüchen traktiert. Noch ein anderer Spieler nimmt sich Sonderrechte heraus, da er vermeintlich vermögender, besser angesehen oder von höherer gesellschaftlicher Stellung sei. Abwegig? Hört man sich unter Golfern um, ist das alles schon vorgekommen.

Zu unterscheiden vom hinterhältigen ist der peinliche Spieler. Dieser stört seine Mitspieler auf einer anderen Ebene, da sie sich durch ihn wiederholt zum Fremdschämen veranlasst sehen. Dass er bewusst die Harmonie in der Spielergruppe stört, kann man ihm nicht vorwerfen. Peinliche Spieler genügen in der Regel äußerlich den Kleidungsvorgaben, allerdings in einer Art, die am Geschmack vieler Spieler vorbeigeht. Oder sie stellen sich in den Augen ihrer Mitspieler durch unpassende Äußerungen selbst in ein schlechtes Licht. Der Golf-Gentleman lässt den peinlichen Spieler gewähren, wie er ist, und führt sich an ihm vor Augen, wie stark die Wirkung eines Spielers auf andere sein kann.

Gelassen bleiben

Dem Golf-Gentleman ist bewusst, dass sich nichts von alleine ändert. Nimmt er bei seinen Mitspielern Dinge wahr, die ihn stören könnten, spricht er sie frühzeitig darauf an. Soll heißen: sobald er zum ersten Mal bemerkt, dass es hier einen potenziellen Gefahrenherd für die ungetrübte Golfrunde gibt. Er formuliert sein Feedback also zu einem Zeitpunkt, an dem er emotional noch vollkommen ausgeglichen ist. Seine Rückmeldung kommt nicht als Vorwurf, sondern als Hinweis, dass er und der Spieler zu einem Sachverhalt unterschiedliche Sichtweisen haben. Gleichzeitig schlägt er einen Lösungsansatz vor, mit dem beide Seiten leben können. Bei Provokationen durch Mitspieler bleibt der Golf-Gentleman freundlich und greift beschwichtigend ein. Mit dem Hinweis auf ein mögliches Missverständnis gibt er dem provozierenden Mitspieler die Chance, die Sache aus der Welt zu räumen. Er selbst hält an seinem Credo fest, dass kein Mitspieler ihm die Golfrunde madig machen kann. Dementsprechend versucht er, auch bei Mitspielern, die er der Kategorie hinterhältig zuordnet, immer über den Dingen zu stehen. Zum Vorbild nimmt er sich die Stimme seines

Navigationsgeräts, die immer ruhig und besonnen bleibt, selbst wenn er wiederholt deren Empfehlungen missachtet.

Sich trennen

Generell ist es Aufgabe des Golf-Gentlemans, die Spielergruppe gemeinsam über 18 Löcher zu bringen. Es passt nicht zu seinem Selbstverständnis, dass er bei kleineren Konflikten gleich das Weite sucht. Im Leben außerhalb des Golfplatzes kann er auch nicht aus allen Situationen davonlaufen, in denen es mit anderen Menschen nicht voll harmonisch läuft. Ganz selten ist die Trennung von der Spielergruppe aber auch für ihn nur der einzig gangbare Weg. Ganz selten heißt hier: maximal einmal in sieben Jahren! Hierfür unterscheidet der Golf-Gentleman drei Varianten:

Bei der weichen Variante braucht es etwas Glück. Hier geschieht die Trennung, wenn Spielergruppen aufeinander auflaufen und sich die Chance zur Neueinteilung der Gruppen ergibt. Nehmen wir den Abschlag einer Bahn, an dem bereits drei Spieler einer Gruppe warten. Eine weitere Gruppe mit drei Spielern läuft auf, und von hinten kommt eine weitere Gruppe mit zwei Spielern dazu. Der Golf-Gentleman schlägt dann im Sinne einer allgemeinen Beschleunigung des Spiels vor, aus den drei Gruppen nur noch zwei zu machen. Er selbst wechselt dann so, dass er von dem für ihn hinterhältigen Spieler getrennt wird.

Für die mittelharte Variante braucht es kein Glück: Der Golf-Gentleman täuscht einen Anruf vor und bricht die Runde wegen anderer Verpflichtungen ab, über die er eben informiert wurde.

Für die harte Variante bedarf es ebenfalls keines Glücks, sondern Courage: Der Golf-Gentleman verlässt nach einer geeigneten Bahn, beispielsweise Bahn 9, die Spielergruppe mit der nüchternen Erklärung, dass sich seine Vorstellungen von einer harmonischen Golfrunde mit denen der Mitspieler nicht in Deckung bringen lassen und man daher besser getrennt gehen sollte.

3.16   DIE RUNDE BEENDEN

Auf dem letzten Grün

Vielen Golfern ist wichtig, dass der letzte Putt auf dem 18. Grün tatsächlich versenkt wird. Der Golf-Gentleman sieht das gelassener, wenn auf den Bahnen vorher auch schon Putts geschenkt wurden. Er legt mehr Wert darauf, dass sich das gute Miteinander und das umsichtige Verhalten der Spielergruppe auch auf dem letzten Grün und danach noch fortsetzen.

Nach dem letzten Putt und noch auf dem 18. Grün bedankt sich der Golf-Gentleman bei seinen Mitspielern für die schöne Runde. Der Dank fällt umso überschwänglicher aus, je angenehmer die Runde für ihn war. Gerne gibt er ernst gemeinte Komplimente an seine Mitspieler weiter, die deren Leistungen und Verhalten auf der Runde aufgreifen. Sätze wie „Danke, dass Sie uns an Bahn 7 auf die Dammwildgruppe am Waldrand aufmerksam gemacht haben." oder „Wie Du uns nach den schlechten Schlägen am Wasserhindernis wieder aufgebaut hast, hat mich beeindruckt." gehören dazu. Dabei zieht der Golf-Gentleman den Hut, respektive seine Mütze, und entledigt sich seiner Sonnenbrille, damit ihm die Mitspieler in die Augen schauen können. Wenn die Begrüßung vor der Runde per Handschlag ausfiel, gibt er auch auf dem letzten Grün die Hand. Er lässt die mitspielenden Damen entscheiden, ob es zusätzlich ein Küsschen auf die Wange gibt. Die Aufforderung der

Mitspieler, wieder einmal zusammen spielen zu wollen, sieht er als Bestätigung für das gute Miteinander auf der Runde.

Wie alle anderen Grüns wird auch das 18. Grün nach Abschluss der Runde zügig verlassen. In sicherer Entfernung werden die letzten Ergebnisse notiert. Hat man ein Turnier beendet, kann man an dieser Stelle die Scores abgleichen und die Score-Karten unterschreiben. Alle anderen Auswertungen, gerade von privaten Runden, lassen sich besser im Clubhaus erledigen.

Danach bespricht der Golf-Gentleman mit seinen Mitspielern, wie es weitergeht. Wenn es zeitlich eng ist, kann man direkt auf die Terrasse des Clubhauses für gemeinsame Getränke gehen. Andernfalls wird die Ausrüstung vorher noch verstaut – im Caddy-Raum oder im Auto –, bevor der Gang in das Clubhaus ansteht. Möglicherweise ist auch ein Besuch der Umkleidekabine erforderlich.

Pflege von Ausrüstung und Mensch

Nach der Runde nimmt sich der Golf-Gentleman Zeit, seine Ausrüstung zu pflegen. Die Schläger werden geputzt, die Golftasche oder der Trolley werden von Dreck befreit, und auch die Schuhsohlen werden gesäubert. Auf fast jedem Golfplatz gibt es hierfür Wasserbecken und Druckluftschläuche. So vermeidet er, dass er die Wege um das Clubhaus und den Parkplatz sowie sein Auto unnötig verschmutzt.

Die Golftasche ist kein Wanderstock, auf den der zünftige Wanderer von jeder erfolgreich zurückgelegten Tour eine Plakette nagelt. Greenfee-Anhänger nimmt der Golf-Gentleman daher nach der Runde ab. Um sich zukünftig noch an die gerade gespielte Runde zu erinnern, bewahrt er manchen Greenfee-Anhänger zuhause im Schuhkarton auf.

Nicht nur die Ausrüstung, sondern auch sich selbst richtet der Golf-Gentleman nach der Runde wieder her. Zum Wechseln der Schuhe geht er in die Umkleidekabine. Vor dem Gang in den Restaurationsbereich des Clubhauses macht er sich frisch und zieht seine mitgebrachte Wechselkleidung an. Auf das heimische Sofa würde er sich ja auch nicht nass geschwitzt und dreckig setzen.

Wenn ihm unterwegs auf dem Golfplatz etwas aufgefallen ist – etwa ein defekter Wassersprinkler oder ein übervoller Mülleimer – oder er Ausrüstungsgegenstände gefunden hat (besonders beliebt sind Schläger und deren Hauben), schaut der Golf-Gentleman noch im Sekretariat vorbei und gibt entsprechende Rückmeldungen. Dabei spricht er auch gerne ein Lob aus für das, was ihm etwas besonders gut gefallen hat.

3.17   SICH IM CLUBHAUS BENEHMEN

Sich angemessen kleiden

Es mag Mitglieder in Golfclubs geben, für die Golf eher lästige Nebensache ist. Ihnen geht es mehr um das gesellige Clubleben im oft feudalen Clubhaus. Nicht so der Golf-Gentleman, denn er schätzt auch das Golfspiel. Allerdings hält auch er sich nach Runden und an spielfreien Tagen gerne im Clubhaus auf, denn hier trifft er frühere Mitspieler und Freunde, mit denen er sich gerne austauscht und die nächsten Golfrunden plant. Obligatorisch geht er mit seinen Mitspielern nach der Runde in das Clubhaus, um das gemeinsam Erlebte Revue passieren zu lassen und begonnene Gespräche fortzusetzen.

Für den Aufenthalt im Clubhaus, gerade in dessen Restaurationsbereich, macht er sich nach der Runde erst einmal frisch. Ebenso achtet er auf passende Kleidung. Über etwaige Vorschriften hat er sich im Vorfeld informiert. Gerade in altehrwürdigen Clubs kann es passieren, dass Shorts oder das Fehlen eines Jacketts im Clubhaus nicht erwünscht sind. Seine Mütze nimmt er ab, sobald er das Gebäude betritt. Nur auf der Terrasse, wenn er wirklich weit draußen sitzt und die Sonne brennt, behält er die Mütze auf dem Kopf.

Sich angemessen verhalten

Der Golf-Gentleman orientiert sich für sein Verhalten im Clubhaus an den Gepflogenheiten von Restaurants, die dem Niveau des Clubhauses entsprechen. Einziger Unterschied des Clubhauses ist, dass sich die Anwesenden vielfach kennen und über das Golfspiel miteinander verbunden sind. Das sind jedoch keine Gründe, das Clubhaus als geschützten Raum wie das eigene Wohnzimmer zu betrachten, in dem sich jeder nach eigenem Gutdünken benimmt. Das gilt auch für die Lautstärke der Unterhaltungen, die der Golf-Gentleman im Clubhaus führt. Lautes Rufen durch den Raum zu anderen Tischen mag in manchen Clubs üblich sein. In anderen Clubs könnte man danach nachdrücklich aufgefordert werden, das Clubhaus umgehend von sich aus zu verlassen.

Manchmal empfängt die Gastronomie im Clubhaus auch Gäste, die nicht Golf spielen. Sei es, weil Gesellschaften die Räumlichkeiten gemietet haben oder weil die Gastronomie per se offen für alle Gäste ist. Voraussetzung dafür ist, dass sich Gastronom und Golfclub einig sind, wie ein friedvolles Nebeneinander von Golfern und Nicht-Golfern ermöglicht wird. Dann weiß der Golf-Gentleman die nicht Golf spielenden Gäste zu schätzen, denn sie tragen dazu bei, dass die Gastronomie im Clubhaus aufrechterhalten bleibt. Wenn sie an seinem Tisch sitzen, bezieht er sie in die Unterhaltung mit ein. Wenn offensichtlich erforderlich, bietet er ihnen Hilfe an. Im Clubhaus stattfindenden Hochzeitsgesellschaften oder Familienfeiern zollt er seinen Respekt. Schließlich soll das Ereignis für die Gäste zum bleibenden Erlebnis und nicht durch arrogant wirkende Golfer beeinträchtigt werden. Gerade bei solchen Gelegenheiten haben Golfer die Chance, ihr eigenes Image bei Nicht-Golfern aufzupolieren. Sie sind doch ganz anständige Kerle, und eben nicht feine Pinkel, die dieser Welt entrückt sind, nur unter sich sein wollen und eher widerwillig ihr Revier (das Clubhaus) an Normalsterbliche für einen Abend abtreten!

Der Vollständigkeit halber: Wenn die oben genannte Voraussetzung nicht erfüllt ist, also Gastronom und Golfclub sich nicht ganz einig sind, lässt der Golf-Gentleman seinen Unmut sicherlich nicht diejenigen Gäste spüren, die nicht Golf spielen. Stattdessen wendet er sich an die Beteiligten, also Gastronom und Clubleitung.

Passende Gesprächsthemen

Wie die Golftasche bleiben beim Golf-Gentleman auch jegliche Kommentierungen seiner letzten Runde vor der Tür. Er belästigt seine Tischgäste und die Anwesenden im Clubhaus nicht mit Gejammer über vergebene Chancen, gestrichene Löcher, verzogene Annäherungen oder verschobene Putts. Auch prahlt er nicht mit weiten Abschlägen oder taktisch klug gespielten Löchern. Einzig zulässig für ihn ist das gemeinsame Auswerten des gerade ausgetragenen, privaten Wettspiels mit den dafür erforderlichen Kommentaren. Gerade für Anwesende am Tisch, die nicht Golf spielen, sind Berichte über einzelne Schläge der letzten Runde noch weniger unterhaltsam als für Golfer.

Stattdessen redet der Golf-Gentleman über Erlebnisse auf der gerade gespielten Runde, über lustige Begebenheiten und schöne Eindrücke.

Und er knüpft an die Gespräche mit seinen Mitspielern an, die er auf dem Platz begonnen hat. Auf der Runde bleibt oft nicht genügend Zeit zwischen den Schlägen, sich tiefer mit den Mitspielern und ihren Geschichten von außerhalb des Golfplatzes auseinanderzusetzen. Hier zeigt sich sein Interesse an anderen Menschen. Allein deswegen geht er nicht in die Rolle des unerwünschten Unterhalters im Clubhaus, der die Anwesenden mit endlosen Monologen langweilt.

In Maßen essen und trinken

Sofern auf der Runde vereinbart wurde, dass die Herren Getränke für ihre Mitspieler ausgeben, wenn sie mit ihren Drives nicht über den Abschlag der Damen hinausgekommen sind (manch einer nennt das „eine Lady schlagen"), trinkt der Golf-Gentleman gerne mit. Auch löst er selbst, ohne zu zögern, seine so entstandenen Spielschulden ein. Allerdings verlangt er nicht, dass gerade Anfänger für jeden derart misslungenen Abschlag je ein Getränk spendieren, sondern lässt es bei einem einzigen Drink bewenden. Gerade der offensichtlich Vermögendere sollte sich überlegen, wie viel er sich vom anderen ausgeben lassen möchte.

Um sich im beschwipsten Zustand nicht in Situationen zu manövrieren, die ihm später äußerst unangenehm sind, trinkt der Golf-Gentleman im Clubhaus mit Maßen. Er weiß, dass er durch die vorangegangene, sportliche Betätigung leichter auf Alkohol anspringt und hält sich beim Ordern von Bier und harten Drinks zurück. Inzwischen ist auch den Ordnungshütern bekannt, dass in Clubhäusern gerne mehr getrunken wird, als besonnene Fahrer sich zumuten sollten. Entsprechend stehen sie gerne an den bekannten Nebenstrecken vom Clubhaus in die benachbarte Stadt, um fahruntüchtige Golfer zu entlarven.

Nicht nur beim Trinken, sondern auch beim Essen nach der Runde bremst sich der Golf-Gentleman. Golf macht hungrig. Gerade bei schlechtem Wetter, wenn der Golfer kalt und durchnässt in das Clubhaus zurückkehrt, kann er futtern wie ein Bär nach dem Winterschlaf. Gleichzeitig liest man, dass ein Golfer auf einer Runde um die 1.500 Kalorien verbrennt, was über zwei Stunden Jogging entspräche. Fast zwei Drittel aller Muskeln würden beansprucht werden. Da wird man nach der Runde doch einmal kräftig reinhauen dürfen! Nein, denn diese Spitzenwerte erreicht nicht jeder Golfer. Wer die Tasche nicht selbst trägt und sich auf den elektrischen Antrieb seines Trolleys verlässt, setzt weniger Energie um. Leicht läuft der gutgläubige Golfer dann Gefahr, mit Curry-Wurst, Pommes frites, Dessert und einigen Bieren deutlich mehr Energie zu sich zu nehmen, als er auf der zurückgelegten Runde verbrannt hat.

3.18   EIN TURNIER SPIELEN

Warum an Turnieren teilnehmen

Der typische Golfer strebt ein möglichst niedriges Handicap an. Der Weg dahin führt über Turniere, wenn man von so genannten EDS-Runden (*Extra Day Scores*) absieht. Die Annahme liegt nahe, dass die überwiegende Mehrheit der Teilnehmer eines Golfturniers während der Turnierrunde ständig damit beschäftigt ist, ihre Handicaps und deren Reduktion im Blick zu haben. Der typische Turnierteilnehmer setzt sich damit selbst gehörig unter Druck. Entsprechend nervös und leicht aus der Ruhe zu bringen ist manch Teilnehmer. Der Golf-Gentleman ist sich dessen bewusst und wirkt beruhigend auf alle ein.

Der Golf-Gentleman spielt Turniere, um sein Golfspiel unter Wettkampfbedingungen zu messen. Auch im Turnier sind ihm Handicap-Veränderungen und das von ihm gespielte Ergebnis prinzipiell unwichtig. Wieder geht es für ihn in erster Linie um das Miteinander auf der Runde. Wenn er es schafft, einen Preis zu gewinnen, ist er umso zufriedener. Er erwartet nicht, dass er im Turnier alle Löcher optimal spielt. Zwar hat er jedes Loch seines Heimatclubs mindestens einmal schon sehr gut gespielt. Dennoch verfällt er jetzt nicht dem Glauben, dass die Aneinanderreihung dieser optimalen Versuche sein eigentliches Handicap ausdrückt. Er plant fest ein, dass er wie die Profis während eines Turniers auch schlechte Löcher, misslungene Schläge und vermeidbare Fehler produziert. Auch erwartet er nicht, sich in einem bestimmten Turnier zu verbessern: „Ich mache dieses Jahr nur beim Preis des Präsidenten mit, um mich dort gezielt herunterzuspielen." Stattdessen weiß er, dass alles seine Tagesform hat. Golf nicht ausgeschlossen. Es braucht schon mehrere Turniere (manche sagen sieben), damit vieles gut klappt und die Handicap-Verbesserung eintritt. Golfer, die den Eindruck haben, dass sie nur schlechte Tage haben und in jedem Turnier vom Pech verfolgt werden, sollten sich mit dem Gedanken anfreunden, dass sie vielleicht wirklich nicht so gut spielen und ihre Ansprüche an ihr Handicap völlig überzogen sind.

Eine weitere Motivation für den Golf-Gentleman, Turniere zu spielen, ist, neue Mitspieler zu treffen. So lernt er dank des Computergestützten Zusammenstellens der Spielergruppen andere Golfer kennen, von denen sich mancher als einer entpuppt, mit dem er zukünftig auch privat des Öfteren zusammen spielen möchte.

Regeln konsequent anwenden

Für den Golf-Gentleman ist die Teilnahme an einem Golfturnier nichts Besonderes, sondern eine Golfrunde wie alle anderen auch. Er hat bekanntlich den *Spirit of the Game* verinnerlicht und spielt auch auf privaten Runden konsequent nach den Regeln und damit ehrlich zu sich selbst und seinen Mitspielern. Gegenüber privaten Runden gibt es für ihn im Turnier nur zwei Unterschiede: Er schreibt seine Ergebnisse vollständig an jedem Loch auf; genauer: Er lässt aufschreiben. Wenn er privat unterwegs ist, schreibt er nur sporadisch auf, was er gespielt hat. Und während er in privaten Runden auch mal über ein laxes Regelverständnis seiner Mitspieler hinwegsieht, erwartet er im Turnier, dass sich jeder Spieler konsequent an die Regeln hält. Dementsprechend verlangt er, dass jeder Turnierteilnehmer die Golfregeln in Gänze kennt und anzuwenden versteht. Da er selbst nicht alle Details der Golfregeln auswendig weiß, und um schnell eine Klärung auf der Turnierrunde herbeizuführen, führt der Golf-Gentleman die offiziellen Regeln des R&A in seiner Golftasche mit, entweder als Buch oder per App auf dem Smartphone . Die Beurteilung von unklaren Spielsituationen erfolgt für ihn nur anhand der Regeln. Diskussionen der Art „Ich finde jetzt aber, dass ...", „So haben wir das hier schon immer gemacht!" und „Unser Pro hat auch gesagt, dass ..." führt er nicht. Fakten sind gefragt, nicht Meinungen oder Empfindungen! Konsequent lässt er sich von seinen Mitspielern in den Regeln zeigen, was deren Position untermauern könnte: „Zeig mir, wo das steht!"

Des Weiteren werden im Turnier die Golfregeln nicht außer Kraft gesetzt, um einem Einzelnen die erhoffte Verbesserung seines Handicaps zu ermöglichen. Gemäß des *Spirit of the Game* erwartet der Golf-Gentleman von allen Teilnehmern im Turnier, dass sie von sich aus Strafen anzeigen, wenn die Regeln es so vorsehen. Wird der Schläger im Bunker abgesetzt, muss der Spieler die Strafe für sich anmelden. Entscheidend ist, was der einzelne Spieler gesehen oder gespürt hat, unabhängig davon, ob es Zeugen für diese versehentlichen Verstöße gibt. Für absichtliche Verstöße hat der Golf-Gentleman absolut kein Verständnis. Merkt er, dass sich ein Spieler wissentlich einen Vorteil verschafft hat, spricht er den Spieler direkt darauf an und drängt auf dessen Disqualifikation, wenn die Schwere des Verstoßes so etwas gemäß Golfregeln rechtfertigt. Dem Spieler räumt er die Chance ein, den Vorfall aktiv von sich aus und unverzüglich zu regeln. Ein Ehrenmann würde in dem Fall das Spiel von sich aus verloren geben (im Lochspiel) oder sich selbst diskret bei der Spielleitung melden, um auf die eigene Disqualifikation zu drängen (im Zählspiel). Den Vorfall einer möglichst großen Öffentlichkeit zu melden, ist nicht im Interesse des Golf-Gentlemans. Vielmehr soll der betroffene Spieler deutlich aufgezeigt bekommen, was Schummeln im Golf bedeutet und welche Konsequenzen es nach sich ziehen kann, um es zukünftig nicht noch einmal zu probieren.

Zähler und Spieler

Vor dem ersten Abschlag werden die Score-Karten unter den Turnierteilnehmern einer Spielergruppe ausgetauscht. Von der Spielleitung ist vorgegeben, wer als Zähler für einen Spieler fungiert. Hierbei gilt: Zähler und Spieler zählen beide den Score des Spielers. Das Ergebnis gleichen beide nach Beendigung eines Loches ab, und der Zähler notiert es dann auf der Score-Karte. Der Spieler wird also nicht von der Aufgabe entbunden, auch sich selbst zu zählen. An jedem Loch sollten Zähler und Spieler in der Lage sein, das Ergebnis durch Nachverfolgen der gespielten Schläge zu rekonstruieren. Also etwa: „Abschlag nach links, zweiter Schlag vor den Bunker, dritter Schlag rechts vom Grün, Chip drauf, ein langer Putt, dann versenkt, also sechs Schläge." Um Missverständnisse frühzeitig auszuschließen, gleicht der Golf-Gentleman den Score mit seinem eigenen Zähler sowie mit dem Spieler, für den er als

Zähler eingesetzt ist, zwischendurch ab; ideal dann, wenn die Bälle auf dem Grün liegen und noch vor dem Putten. Nach Beendigung eines Lochs sagt der Golf-Gentleman sein Ergebnis hörbar für alle Mitspieler an. Gerade hier zeigt sich der wahre Golf-Gentleman, wenn er ohne Zögern den hohen Score der gerade beendeten Bahn für jedermann hörbar ehrlich angibt, ohne auf einen Irrtum zu seinen Gunsten durch den Zähler zu hoffen oder selbst seinen Score zu beschönigen. Falls sich ein Zähler zugunsten des Golf-Gentlemans irrt, weist er ihn darauf hin und lässt das korrekte Ergebnis eintragen. Ein solches Verhalten ist einerseits im Sinne des *Spirit of the Game*. Andererseits ist nicht auszuschließen, dass der Zähler nur die Ehrlichkeit des Spielers testen möchte. Dumm, wer erwischt wird!

Im Interesse der fleißigen Damen und Herren, die nach dem Turnier die Ergebnisse von den Score-Karten in den Computer übertragen, sollte der Zähler alle Ergebnisse ordentlich und sauber aufschreiben. Streichungen und Änderungen erfolgen nur per Handzeichen des Zählers neben dem Score. Auch der Spieler sollte sein Ergebnis nach jedem Loch notieren, um am Ende der Runde im Abgleich mit dem Zähler letzte Unklarheiten bezüglich seines Scores auszuräumen.

Ball aufnehmen oder nicht

Turniere nach purem Zählspiel gibt es nur noch wenige. In diesen wird der Ball so lange geschlagen, bis er im Loch ist. Ein Streichen von Löchern oder ein Aufnehmen des Balls vor Abschluss eines Lochs gibt es nicht. Zweistellige Ergebnisse an manchen Löchern sind dann auch für gute Spieler durchaus machbar. Die meisten Turniere heute sind Zählspiele nach Stableford. In diesen Turnieren gibt es vielfach Diskussion, ob ein Spieler seinen Ball zwangsläufig aufheben muss, wenn er keine Stableford-Punkte mehr an einem Loch erzielen kann, um das Spiel zu beschleunigen. Manch ein Turnierteilnehmer geht sogar so weit, seinen Mitspielern schon am Abschlag mitzuteilen, wie viele Schläge sie an der zu spielenden Bahn machen dürfen, bevor der Ball aufzuheben ist. Der Golf-Gentleman weiß, dass das Aufheben des Balls eine reine Frage der Etikette ist, sofern in der Wettspiel-Ausschreibung nichts zu dieser Thematik geregelt wird. Die Entscheidung, ob er den Ball aufhebt oder nicht, liegt dann ganz allein beim Spieler. Auch wegen angeblicher Verzögerung des Spiels kann der Spieler nicht belangt werden. Der Golf-Gentleman nimmt seinen Ball auf, wenn er schon vor Erreichen des Grüns keine Stableford-Punkte mehr erzielen kann. Auf dem Grün unterstützt er seine Mitspieler dann durch Bedienen der Fahne. Gehen ihm die letzten Stableford-Punkte erst auf dem Grün verloren, puttet er in der Regel zu Ende.

Gelassen bleiben

Wenn es mal nicht gut läuft im Turnier, verzweifelt der Golf-Gentleman sicherlich nicht. Er plant eh pro Runde sieben schlechte Schläge ein. Mindestens so viele misslungene Schläge produziert angeblich jeder Golfer auf 18 Löchern, egal welche Spielstärke er hat. Wenn es dann doch mehr werden, blickt er frohen Mutes auf das nächste Turnier. Ebenso erfreut er sich am Erfolg der Spieler seiner Spielergruppe. Der Unart mancher Spieler, alle anderen Turnierteilnehmer in der Nähe mit herunterzuziehen, wenn das eigene Spiel nicht läuft, ist er definitiv nicht verfallen. Ganz im Gegenteil: Für ihn ist es ein Erfolg, einen im Turnier am Ende gut platzierten Spieler in seiner Gruppe begleitet zu haben.

Pause unterwegs

Eine angenehme Begleiterscheinung von Golfturnieren ist die Pause im *Halfway House*. Hier ist oftmals ein üppiges Buffet aufgebaut, an dem sich die Spieler nach neun gespielten Löchern stärken können. Klar sollte jedem Spieler sein, dass die für ein Turnier aufgebaute Verpflegung nur für Turnierteilnehmer bestimmt ist. Der Golf-Gentleman würde nichts vom Buffet nehmen, wenn er selbst nicht am Turnier teilnimmt, aber gerade auf dem Golfplatz ist. Wie auf jeder Bahn verhält sich der Golf-Gentleman auch im und um das *Halfway House* herum leise. Gerade wenn Abschläge in der Nähe sind, sollen die abschlagenden Spieler nicht durch die pausierenden gestört werden. Vom Buffet nimmt er sich nur so viel, wie für jeden Spieler vorgesehen ist. Er weiß selbst, wie enttäuschend es ist, als eine der letzten Spielergruppen dort einzutreffen und nur noch Reste vorzufinden. Der Aufbruch seiner eigenen Spielergruppe wird veranlasst durch das Eintreffen der Spielergruppe, die hinter ihm spielt.

Score-Karten abgeben

Gleich nach der Runde gleichen Zähler und Spieler die Ergebnisse des Spielers an allen Löchern ab. Dabei liest der Spieler seine eigene Mitschrift dem Zähler vor. Hierdurch wird vermieden, dass ein Irrtum des Zählers zugunsten des Spielers vom Spieler ausgenutzt wird. Zähler und Spieler unterzeichnen danach die Score-Karte des Spielers. In der Regel bietet sich ein Spieler aus der Gruppe an, die Score-Karten bei der Spielleitung schnellstmöglich abzugeben. Dieser tut sehr gut daran, die Karten unverändert der Spielleitung zu überreichen, da ein Ändern der Karte nach den Unterschriften von Spieler und Zähler zur Disqualifikation führt und sich jeder Spieler die Peinlichkeit ersparen sollte, als

Mogler vor allen im Clubhaus versammelten Turnierteilnehmern entlarvt zu werden.

Nach der Turnierrunde

Nach Abgabe der Score-Karten trifft sich der Golf-Gentleman mit seinen Mitspielern im Clubhaus. Wieder gilt hinsichtlich der Gespräche: kein Lamentieren über einzelne Schläge oder über gestrichene Löcher; kein Prahlen über gut gespielte Bahnen. In den Wettbewerb vieler Turnierteilnehmer, wer denn jetzt am schlechtesten gespielt hat, steigt er nicht ein. Sieht das Turnier ein gemeinsames Essen vor, kann der Golf-Gentleman am Tisch seiner Mitspieler bleiben. Ebenso kann er höflich darum bitten, beim Essen mit anderen Spielern zusammenzusitzen. Eine Pflicht, den ganzen Abend mit den Mitspielern der eigenen Spielergruppe zusammen zu bleiben, gibt es nicht. Wenn er bemerkt, dass einer seiner Mitspieler noch nicht voll in den Club integriert ist, wird er sich dessen annehmen und nicht alleine stehen lassen. Dass er bis zur Siegerehrung bleibt, ist für ihn Pflicht.

3.19   GESCHÄFTLICH GOLF SPIELEN

Warum mit Geschäftspartnern Golf spielen

Golf unter Geschäftspartnern zu spielen, dient in erster Linie der Beziehungspflege. In der Regel lädt der (potenzielle) Lieferant den (potenziellen) Kunden zu einer Runde Golf mit anschließendem Essen ein. Insgesamt stehen dann über fünf Stunden zur Verfügung, in denen sich die Geschäftspartner in Ruhe unterhalten und Anknüpfungspunkte finden können. Oft bietet der Golfplatz den Einstieg in persönliche Themen, so dass sich die Geschäftspartner auch auf anderen Ebenen besser kennenlernen. Die Golfrunde war für den Lieferanten erfolgreich, wenn er danach als Geschäftspartner etabliert ist und nicht nur ein Lieferant unter vielen ist. Wenn er danach leichter einen Termin beim Kunden bekommt und als natürlicher Teil der Wertschöpfungskette angesehen wird. Für den Kunden war es erfolgreich, wenn er nach der Runde nicht ein Kunde unter vielen ist, sondern gerade bei Schieflagen in der Zusammenarbeit schnelle und pragmatische Hilfe vom Lieferanten bekommt.

Vorsicht an der Bahnsteigkante

Eigentlich hört es sich ja traumhaft an: Man spielt Golf in der Arbeitszeit und wird dafür bezahlt. Eine bessere Vermischung beruflicher und privater Interessen scheint es nicht zu geben. „Obacht!", sagt der Golf-Gentleman, denn beim Golfspiel mit Geschäftspartnern kann allerhand schief gehen. Die vermeintlich schöne Zeit auf der Runde kann sich durchaus auch schlecht auf die Geschäftsbeziehung auswirken.

Golf spielende Führungskräfte behaupten unisono, dass Bewerbungsgespräche besser auf dem Golfplatz stattfinden sollten. Golf offenbare deutlich Einstellungen und Werte eines Menschen. Im üblichen Bewerbungsgespräch wären diese oft nicht so deutlich feststellbar wie nach 18 gemeinsamen Löchern. Auf der Golfrunde lässt sich demnach leicht der wahre Charakter eines Bewerbers feststellen – also auch der eines Geschäftspartners. Bei der Einhaltung gängiger Kleidungsvorgaben, der Schonung des Platzes, dem Umgang mit Mitspielern und sich selbst und beim Auslegen der Golfregeln sagt der mitspielende Geschäftspartner viel über sich aus: Wie geht er mit Erfolg und Misserfolg um? Übernimmt er selbst Verantwortung für sein Tun, oder müssen andere für etwas geradestehen? Freut er sich über den Erfolg anderer? Kümmert er sich überhaupt um seine Mitspieler? Ist er übertrieben ehrgeizig, oder ist ihm das Ergebnis vollkommen egal? Die Analogie ist dann einfach: So, wie sich jemand beim Golf aufführt, wird er mit großer Wahrscheinlichkeit auch im Leben außerhalb des Golfplatzes handeln – gerade im geschäftlichen Umfeld. Er könnte dort den eigenen Vorteil über den der Geschäftspartner stellen oder an ihnen völlig desinteressiert sein. Oder er erweist sich als verlässlicher Unterstützer, der das Wohl aller vor Augen hat und dabei stets fair und ehrlich bleibt. Dieser Eindruck überdauert die Golfrunde und beeinflusst definitiv die weitere Geschäftsbeziehung. Wer sich auf dem Golfplatz als schummelnder Egomane benimmt, erweist seinem Unternehmen einen Bärendienst – und damit auch sich selbst.

Der Golf-Gentleman hat in dieser Hinsicht nichts zu befürchten. Ganz im Gegenteil: Durch sein tadelloses Verhalten zeigt er seinen Geschäftspartnern auf, dass er auch außerhalb des Golfplatzes den *Spirit of the Game* verinnerlicht hat. Ein Wohl für das Unternehmen, für das er tätig ist, denn auch dieses profitiert von der Einstellung des Golf-Gentlemans: Seine Werte strahlen ab und werden als die des Unternehmens angesehen.

Du oder Sie

Ist der Golf-Gentleman in der Rolle des Lieferanten, nutzt er den Golfplatz nicht schamlos aus, um sich per Du beim Kunden anzubiedern. Entsprechend lässt er den Kunden entscheiden, ob dieser per Sie bleiben oder zum Du wechseln möchte. Siezen hat den Vorteil, dass der Umgang in geschäftlichen Situationen auch weiterhin von Respekt und einer gewissen äußerlichen Distanz geprägt ist, gleichzeitig aber nach der gemeinsamen Golfrunde eine charmante Nähe der Geschäftspartner spürbar ist.

Über das Geschäft reden

Über geschäftliche Dinge während der Runde zu reden, ist für den Golf-Gentleman in der Regel tabu. Die 18 Löcher sollten ausschließlich genutzt werden, um die Beziehung zu stärken und die eigenen Werte zu transportieren. Beides lässt sich nicht gut bewerkstelligen mit Gesprächen über aktuelle Geschäftsabschlüsse oder dem Fortsetzen von Preisverhandlungen. Besser geeignet ist anfänglicher Smalltalk, der sich dann je nach Verlauf des Gesprächs entwickeln kann zum Dialog über Themen, die das gemeinsame Interesse finden. Das können Fragen zur Familie, zum Werdegang, zu Autos oder zum Golfleben der Geschäftspartner sein: auf welchen Plätzen sie schon gespielt haben, welche Plätze ihnen gut gefallen haben und was sie noch im Golf planen. Für Gespräche über geschäftliche Themen wartet der Golf-Gentleman, bis die Geschäftspartner nach der Runde im Clubhaus sitzen und noch gemeinsam etwas essen oder nur trinken. Sollte der mitspielende Geschäftspartner schon während der Runde konkrete geschäftliche Dinge besprechen wollen, schlägt der Golf-Gentleman vor, diese bis zum Ende der Runde aufzusparen.

Golfturniere mit Geschäftspartnern

Die Steigerung der privaten Golfrunde unter Geschäftspartnern sind Golfturniere, die Unternehmen für ihre Geschäftspartner ausrichten. Der Vorteil eines Turniers ist, dass man mit mehreren Geschäftspartnern gleichzeitig zusammenkommt und diese auch untereinander bekannt machen kann. Wie auf der normalen Golfrunde gibt es aber auch bei Turnieren einige Stolperfallen, die das Erreichen des mit dem Turnier verbundenen Ziels vereiteln können. Bei einem Turnier sind oft viele Mitarbeiter des ausrichtenden Unternehmens auf dem Golfplatz im Einsatz, sei es als Turnierteilnehmer oder als Organisator. Jeder dieser Mitarbeiter wird als Vertreter des Unternehmens und Sender von dessen Werten wahrgenommen. Das ausrichtende Unternehmen tut also gut daran, sich im Vorfeld abzustimmen, wie es sich gegenüber den eingeladenen Geschäftspartnern präsentieren will – und wie nicht.

In jedem Fall sollten im Turnier die Golfregeln für alle Teilnehmer konsequent angewendet werden. Vielfach meint der Lieferant, dem Kunden etwas Gutes zu tun, indem er ihn besser zählt, als er spielt, und somit zur Handicap-Verbesserung oder sogar zu Sachpreisen verhilft. Manch armer Wicht mag seine Kundenrolle derart scham- und charakterlos ausnutzen. Er bleibt nur jetzt erpressbar in der weiteren Ausgestaltung der Geschäftsbeziehung. Wenn auch nicht offen ausgesprochen, wird in der Regel für jede Leistung irgendwann auch einmal eine adäquate Gegenleistung eingefordert.

Sofern der Golf-Gentleman in einer Kundenrolle an einem Turnier teilnimmt, macht er seinem Zähler freundlich, aber bestimmt gleich auf den ersten Bahnen klar, dass er eine ehrliche Anwendung der Regeln schätzt. Er, der die Ehrlichkeit entlang des *Spirit of the Game* weit höher schätzt als sein eigenes Handicap oder zu Unrecht erhaltene Sachpreise, positioniert sich damit nachhaltig als fairer Geschäftspartner, der sich auf und außerhalb des Golfplatzes nichts vorzuwerfen hat.

Gleichzeitig ist der Golf-Gentleman nicht naiv. Geschäft geht vor, auch für ihn. Wenn sein Unternehmen ein Turnier ausrichtet und in seiner Spielergruppe Kunden seines Unternehmens mehr als deutlich signalisieren, dass sie mit der Teilnahme an diesem Turnier einen Preis oder eine Handicap-Verbesserung anstreben, wird er es nicht zu einem Eklat in der Geschäftsbeziehung kommen lassen. Die betroffenen Spieler lässt er bilateral wissen, dass er selbst andere Ergebnisse gezählt oder die Golfregeln in bestimmten Situationen anders ausgelegt hätte. Im Vertrauen auf die Ehrlichkeit der Teilnehmer würde er jedoch deren Ergebnis auf den Score-Karten notieren. Vor dem Turnier wägt der Golf-Gentleman daher ab, ob er sich der Teilnahme an einem Turnier seines eigenen Arbeitgebers entziehen kann, um nicht in derlei Konflikte zu kommen.

Bei der abschließenden Siegerehrung sollten die Sachpreise ausschließlich für die teilnehmenden Geschäftspartner gedacht sein. Mitarbeiter des ausrichtenden Unternehmens und deren Angehörige können eine gute Platzierung für sich in Anspruch nehmen, aber keine Preise.

3.20 SICH AUSSERHALB DES GOLFPLATZES BEWEGEN

Außerhalb des Golfplatzes hält sich der Golf-Gentleman zurück, was seine Golfleidenschaft angeht. Er leugnet zwar nicht, dass er dem Golfspiel verfallen ist, jedoch bringt er sein Hobby nicht aktiv zur Sprache. Dadurch vermeidet er, dass er Nicht-Golfer gegen deren Willen mit Golfgeschichten langweilt – vor allem wenn diese Golf insgeheim als alberne Beschäftigung für unbewegliche Schnösel abtun. Er möchte, dass sich die Gesprächspartner ein nicht verzerrtes Bild von ihm machen und ihn nicht einer Kategorie zuordnen, die seinem Wesen nicht gerecht wird. Kommt in seinem Beisein die Sprache auf Golf, oder wird er gebeten, aktiv über dieses schöne Spiel zu reden, nutzt er die Chance, Golf und Golfer in ein passendes Licht zu rücken.

Wie in der Bevölkerung auch, findet man auf dem Golfplatz die ganze Bandbreite an Persönlichkeiten und Typen. Natürlich mag es auch

Spinner, Arrogante, Großmäuler und Aufschneider unter Golfern geben, die in das Klischee passen, das sicherlich mancher vom Golf hat. Dass das Gros der Golfer sympathische und lebensfrohe Menschen sind, will der Golf-Gentleman im Gespräch darstellen. Dabei macht er klar, dass ein Mensch nicht deshalb etwas Besseres ist, nur weil er Golf spielt. Auch sind Golfer keine besondere Gruppe, deren Zugehörige alle über einen Kamm zu scheren sind, sich aus großer Entfernung schon erkennen und gerne untereinander bleiben. Er vertritt den Standpunkt, dass Golf ein Hobby ist wie viele andere auch, weder besser noch schlechter. Angeln, Standardtanz und Walking können andere Menschen genauso faszinieren wie Golf den Golf-Gentleman. Er braucht vor allem nicht die Bewunderung oder Anerkennung von anderen Leuten, um Freude am Golf zu haben.

Da sie chic aussieht, trägt der Golfer seine Golfkleidung auch gerne in der Freizeit. Nicht komplett mit Spike-bewehrten Schuhen, sondern dezent einzelne Teile. Er will eben durch sein Äußeres nicht laut herausschreien, dass er ein Golfer ist.

4. EIN GOLF-GENTLEMAN SEIN

So verhält er sich also auf dem Golfplatz, unser Golf-Gentleman. Er ist Gastgeber und Gärtner, Genießer, aber kein Gauner. Die „4-G"-Formel, vielleicht erinnern Sie sich: Sein Handicap ist ihm egal, daher braucht er sich im Turnier nicht zu ärgern. Als Golfer definiert er sich vielmehr über sein Wirken auf seine Mitspieler. Ihnen möchte er zu einer großartigen Runde verhelfen und daher gut in deren Erinnerung bleiben. Der Platz und die sportliche Betätigung in einer schönen Umgebung liegen ihm am Herzen. Niemals würde er die Golfregeln außer Kraft setzen, um sich einen vermeintlichen Vorteil zu verschaffen und um das von ihm gespielte Ergebnis zu verfälschen. Wenn einer den berühmten *Spirit of the Game* verinnerlicht hat, dann er.

Ein Golf-Gentleman werden

„Wie werde ich denn jetzt so einer?", mag sich der begeisterte Leser fragen. Die theoretische Antwort lautet: Einfach die Einstellungen des Golf-Gentlemans als Genießer, Nicht-Gauner, Gastgeber und Gärtner verinnerlichen und konsequent leben. Dazu alle beschriebenen Hinweise zu den Stationen einer Golfrunde beherzigen.

Die sicherlich etwas besser handhabbare Antwort ist: Man suche sich diejenigen Eckpunkte und Hinweise zum Golf-Gentleman heraus, die einem wichtig erscheinen, und wende diese nach und nach an. Je nach Gusto kommen dann weitere im Zeitverlauf dazu. Hilfreich ist auch, sich ein Vorbild zu nehmen, das dem Bild des Golf-Gentlemans nahekommt. Das kann ein Golfer sein. Oder es ist ein Herr, der zwar nicht unbedingt etwas mit Golf am Hut hat, uns aber beeindruckt hat und sich auf dem Golfplatz sicherlich wie unser Golf-Gentleman benehmen würde. Diesem Vorbild eifere man schrittweise nach, indem man sich auf jeder Runde fragt: Wie würde sich das Vorbild jetzt benehmen?

Nicht alles genau so anzuwenden, wie es hier im Buch beschrieben wurde, heißt, seinen eigenen Stil als Golf-Gentleman zu finden. Stil entsteht dann, wenn sich jemand Ausnahmen herausnimmt, die das Umfeld noch zu akzeptieren bereit ist. Stil bedeutet dabei nicht, die Ausnahme zur Regel zu machen. Wer erstklassige Tischmanieren hat, aber nun einmal Messer links und Gabel rechts hält, sollte nichts zu befürchten haben. Wer doch den langen Drive versucht und so seine Mitspieler mitunter ins Rough zum Suchen schickt, könnte ein Golf-Gentleman eigenen Stils sein. Auch derjenige, der ungefragt jeden duzt oder zum Pinkeln im Unterholz verschwindet, sich sonst aber wie ein Golf-Gentleman verhält, kann noch als ein solcher angesehen werden. Der geneigte Leser wird auf diese Weise sicherlich seinen Stil als Golf-Gentleman finden.

Oft fällt es am Anfang noch schwer, die Gelassenheit des Golf-Gentlemans für eine ganze Golfrunde an den Tag zu legen. Spielen Sie einfach nur neun Löcher, um es auszuprobieren. Sobald Sie im Auto auf dem Heimweg alleine sind, lassen Sie es laut heraus: Der Jubel über den guten Score, die Wut auf die schlechten Schläge, den Ärger über die unmöglichen Mitspieler, und was Sie sonst noch so bewegt hat!

Auszeit bei Bedarf

Wer nach einiger Zeit des Daseins als Golf-Gentleman zweifelt, ob diese wirklich die für ihn gemachte Rolle ist, möge eine kurze Auszeit nehmen. Dafür gehe man auf einen fremden Platz, auf dem man keinen kennt und auch selbst nicht gekannt wird. Dort benehme man sich richtig daneben und mache all die Dinge, die der Golf-Gentleman nicht machen würde: Den Mitspielern ungefragt die eigene Lebensgeschichte ausführlich erzählen, die eigenen Schläge ständig kommentieren, gerade wenn sie nicht gelungen sind, Regeln sehr lax anwenden und so weiter. Nach der Runde frage man sich, ob man sich auf den gespielten Löchern wohl gefühlt hat und ob man sie in guter Erinnerung behalten wird. Wenn man wider Erwarten diese Fragen bejahen kann, hat man zumindest Klarheit, was die Eignung für die Rolle als Golf-Gentleman angeht. Man könnte dann vielleicht eine Gegenbewegung à la „Wie ein Grobian auf dem Golfplatz" starten.

Für das Leben gerüstet sein

Was bringt es mir denn, ein Golf-Gentleman zu sein, mag der geneigte Leser fragen. Allerhand! Durch Beachten der Etikette beweist er, dass er zur Golfgemeinde gehört und er daher auf allen Plätzen ein gerne gesehener Gast ist. Selbst Anfänger und Spieler mit hohen Handicaps, die sich treu an die Vorgaben der Etikette halten, fügen sich gut in jede Spielergruppe ein, auch wenn Mitspieler mit weitaus niedrigeren Handicaps aufwarten. Gut zu wissen für den Anfänger: Die Empfehlungen der Etikette sind oft leichter erlernbar als ein ordentlicher Schwung.

Wichtiger ist jedoch, dass der Spieler, der als Golf-Gentleman angesehen wird, für das Leben außerhalb des Golfplatzes bestens gerüstet ist. Wer auf dem Golfplatz mit allen möglichen Charakteren zurechtkommt, wer in Phasen der persönlichen Hochs und Tiefs seiner Mitspieler gelassen bleibt, auch wenn er selbst unter großer Spannung steht, der wird in beruflichen und privaten Situationen im Umgang mit Menschen länger souverän bleiben können. Wer sich auf dem Golfplatz wie ein Gentleman verhält, wird dieses auch im sonstigen Leben tun und sich somit unter Menschen, bekannten und fremden, besser bewegen.

Wer den *Spirit of the Game* auch im Leben außerhalb des Golfplatzes anwendet – wer also ehrlich agiert, sich nicht selbst in den Vordergrund stellt, sich um das Wohlergehen anderer Menschen kümmert und sie mit Respekt behandelt – wird einen nachhaltigen Eindruck auf die Menschen in seiner Umgebung machen. Er wird als Meister im Umgang mit Menschen gepriesen werden. Eine Fertigkeit, die immer gefragt sein wird.

Viel Erfolg daher auf Ihrem Weg zum wahren Golf-Gentleman!

Verzeichnis der referenzierten Quellen

- „Offizielle Golfregeln: Gültig ab Januar 2019", herausgegeben vom Deutschen Golf Verband (DGV) als lizensierte Übersetzung des Royal & Ancient Golf Club of St. Andrews

- Regularien-Online-Portal des Deutschen Golf Verbandes (DGV) im Internet unter http://www.rules4you.de

- Definition des Gentlemans gemäß „Wikipedia – Die freie Enzyklopädie" im Internet unter http://de.wikipedia.org/wiki/Gentleman